Museu Hermitage: A história e o legado do famoso ícone de arte e cultura da Rússia

Por Charles River Editors

Foto de A. Savin do Palácio de Inverno

Introdução

Foto de Leonard G. do Hermitage

O Museu Hermitage

"Se esperarmos o momento em que tudo, absolutamente tudo estiver pronto, nunca começaremos."- Ivan Turgenev, romancista russo do século 19

Muitos acreditavam que o "Czarado de Todas as Rússias", que se originou com o nome bastante apropriado de Ivan, o Terrível, contribuiu para a desaceleração do progresso da nação. Eles não se saíram melhor aos olhos das grandes potências da Europa na época, que os rejeitaram abertamente como "bárbaros" que dirigiam uma sociedade "atrasada". Estava claro que a Rússia estava irremediavelmente presa em uma espécie de idade das trevas.

Isso foi, até que uma nova onda de monarcas, principalmente Pedroo Grande e a Imperatriz CatarinaII, tirou o país das águas escuras e turbulentas da decadência social e cultural. Apaixonado pelas culturas do oeste, Pedroabraçou a tecnologia, a ciência e as artes, desenvolvendo um novo sistema educacional para seu povo e apoiando várias instituições de ensino superior na Rússia. Ele construiu uma capital de estilo europeu em São Pedrosburgo e também estabeleceu novos portos e acesso ao Mar Báltico com o propósito de abrir o comércio com o oeste.

Catarina, a Grande, chegou ao poder no meio do Iluminismo, que florescia na França e na Grã-Bretanha, e ela governaria como uma governante iluminada. Uma conhecida correspondente de Voltaire, Catarinabuscou modernizar a Rússia e transformá-la em uma força independente, criando ao mesmo tempo uma corte rica e culta. Ao longo de quase 35 anos no poder, Catarinainaugurou o Iluminismo russo e presidiu um período conhecido como a Idade de Ouro do Império Russo.

Além disso, Catarinatinha uma paixão incomparável pelas artes, e ela começou uma coleção de arte particular que acabaria se transformando em galerias de tesouros históricos enviados de todo o mundo. Este museu lendário não era outro senão o Hermitage, localizado no coração de São Pedrosburgo, uma cidade fundada pelo próprio Pedroo Grande do império.

Museu Hermitage: A história e o legado do famoso ícone de arte e cultura da Rússia narra a história do Hermitage, faz um tour pelo museu e examina as várias figuras-chave que transformaram o Hermitage no fenômeno que ele se tornou. Juntamente com fotos de pessoas importantes, lugares e eventos, você aprenderá sobre o Hermitage como nunca antes.

A Idade das Trevas Russa

"Conquistei um império, mas não fui capaz de me conquistar"- Pedroo Grande

Em algum momento da vida - alguns mais do que outros - a pessoa fantasia sobre como seria ser da realeza. A maioria se imagina enfeitada com uma coroa magnífica, mantos luxuosos e dedos adornados com joias, dirigindo-se aos milhares de seus admirados súditos da varanda real. Com a empunhadura do cetro de ouro de alguém, as multidões abaixo irrompem com violentas rapsódias de louvor, que se misturam lindamente com as trombetas triunfantes e a chuva brilhante de confete.

A partir do momento em que os olhos se abrem ao raiar da madrugada, um bando de mordomos ou uma fila de amáveis damas de companhia estão lá para atender a todas as necessidades de cada um, não importa quão insignificante seja o pedido. Os mais preguiçosos da realeza eram mimados, e os mais indolentes não podiam ou não queriam se vestir, tomar banho ou se alimentar. Por exemplo, o imperador Wanli da dinastia Ming foi dito ter sido tão preguiçoso, preocupando-se apenas com mulheres, bebida e comida, que no final de sua vida, ele não conseguia mais se levantar de sua cama ou mover-se sem ajuda. Eventualmente, seu reinado negligente e imprudente não só levou à falência do tesouro imperial, mas virou o governo. Como Wanli, quem sonha acordado com um estilo de vida tão luxuoso se concentra apenas em festas estupendas, palácios elegantes e todo o brilho e glamour associados à realeza. Raramente eles levam em consideração as tremendas responsabilidades de governança, manutenção das relações internacionais e outros deveres importantes incluídos em sua descrição de trabalho.

Na outra ponta do espectro, estavam os soberanos ambiciosos, que estudaram diligentemente as estratégias políticas de seus antecessores por dentro e por fora, com o objetivo de melhorar as políticas de trabalho e reformar os fracassos. A maioria tinha a melhor das intenções, esperando governar com mão firme, mas justa. Dito isso, não é difícil ver como alguém que viveu e respirou nada além de grandiosidade desde o momento de seu nascimento pode ficar desordenadamente louco pelo poder.

Antes do reinado de Pedro, o Grande, a Rússia estava presa a uma rotina.Era, como os historiadores a descrevem, uma sociedade sombria e "bárbara", particularmente em comparação com as grandes potências da Europa da época. O período de ignorância foi repleto de desordem política, moldada por invasões e conflitos, e culminou com uma crise de identidade. Os abençoados com a fortuna haviam visto os avanços de seus países vizinhos e desejavam desesperadamente o mesmo para seu amado país de origem.

Para começar, a Rússia antes do século 13 foi governada por um povo eslavo oriental conhecido como Rus, que havia plantado bandeiras e centralizado os territórios vizinhos em torno da cidade ucraniana de Kiev, na Europa Oriental. A Dinastia Rurik, como era conhecida, sobreviveu por 700 anos, um total de 21 gerações. Em 1223, uma invasão imprevista de um "inimigo desconhecido" - os mongóis - estilhaçou o império.Em pouco tempo, a Rússia praticamente se tornou parte da Ásia.

A Rússia finalmente se afastou das garras dos mongóis no final do século 15. O que ficou conhecido como Grão-Ducado de Moscou trabalhou para consolidar os territórios russos e lentamente começou a adicionar terras asiáticas ao seu tesouro de territórios. Na metade do século 16, a Rússia virou outra página quando Ivan, o Terrível, subiu ao poder, abrindo um capítulo repleto de tumultos e sem controle de derramamento de sangue.

Um retrato de Ivan, o Terrível

O primeiro czar da Rússia foi um tirano cruel com um temperamento terrível, para dizer o mínimo, mas pelo menos no caso dele, o mal foi forjado a partir de suas experiências de vida. Ao contrário da maioria dos membros da realeza, as memórias mais antigas de Ivan estavam longe de ser régias e eram tudo menos agradáveis.Na verdade, estabilidade era um conceito estranho para Ivan. Quando ele perdeu seu pai, Vasily III, aos 3 anos de idade, sua mãe, Czarina Elena Glinskaya, manteve o trono aquecido como regente pelos próximos 5 anos. A atraente, mas feroz Czarina defendeu o trono por todos os meios.Ela prendeu e matou de fome um dos tios de Ivan e mandou matar outro impiedosamente. Elena ganhou tantos inimigos que ela também morreu envenenada em 1538, quando Ivan tinha apenas 8 anos. O conhecido mais próximo de Elena e suposto amante, o boyar (nobreza russa que se classificou diretamente abaixo dos príncipes) Ivan Feodorovich Obolensky, foi arrastado de sua casa, preso e mais tarde espancado até a morte por seus captores.

Dizia-se que Elena nunca se importou muito com Ivan, mas que o menino era adorado pela irmã mais nova de Obolensky, Agrafena. Ainda assim, a morte prematura de ambos os pais em uma idade tão jovem deve ter virado o mundo de Ivan de cabeça para baixo. Poucos dias após a morte de Obolensky, Ivan perdeu a única aparência de estabilidade em sua vida quando Agrafena foi exilado e enviado para um convento distante.

Antes da partida de Agrafena, Ivan era despreocupado e magnético, mostrando-se bastante promissor com sua propensão para livros e aprendizado. Diz-se que os boiardos que ocuparam o lugar de Agrafena roubaram a inocência de Ivan; alguns ignoraram Ivan e seu irmão deficiente, Yuri, enquanto outros se revezaram no abuso sexual dos irmãos indefesos. Por dias a fio, Ivan e Yuri ficaram com o estômago roncando e as roupas sujas e inalteradas. Quando os saqueadores invadiram o palácio, Ivan foi jogado de lado e deixado para proteger seu irmão sozinho enquanto os invasores saqueavam o lugar por completo.

O garoto emocionalmente perturbado só conseguia desencadear suas frustrações em pássaros selvagens - ele os espetava, torcia seus pescoços, arrancava suas penas, perfurava seus olhos e os dissecava vivos. No final de dezembro de 1543, Ivan, de 13 anos, decidiu que não toleraria mais os boiardos. Ele pediu a prisão imediata de seu maior algoz, o príncipe Andrei Shuisky, acusando-o de má administração do império. Sob as instruções de Ivan, o príncipe foi jogado chutando e gritando em um fosso povoado por cães de caça raivosos.

Em sua adolescência, a inocência de Ivan tinha sido completamente destruída, e ele abraçou sua infâmia como um terror ambulante nas ruas de Moscou. De maus-tratos a animais, bebedeira, derrubando os frágeis e idosos e aterrorizando fazendeiros, Ivan e seus amigos ruins passaram a estuprar as mulheres da cidade. A maior parte das vítimas de estupro de Ivan foi eliminada.Algumas foram estrangulados à mão ou com laço, e outras foram atiradas aos ursos ou enterradas vivas. Quando chegou a hora de se estabelecer e encontrar uma esposa, ele organizou uma espécie de concurso de beleza para escolher sua noiva.

Curiosamente, Ivan também era lembrado como fanático religioso. Ele passou o resto de seu tempo dentro de casa, estudando textos sagrados da Igreja Ortodoxa Russa. Às vezes, durante a oração, ele entrava em um frenesi. Ele gritava suas preces e entoava suas confissões até que sua garganta ficasse dolorida e seus pulmões cansados. Ele bateu com a cabeça no chão, fugindo das posses espirituais até que sua cabeça ficou ensanguentada e machucada.Histórias do disfuncional Ivan, o Terrível, gradualmente vazaram para o resto da Europa.

A coroação de Ivan em 1547 lançou o czarismo russo.Embora "moralmente questionável" possa ter sido a mais branda das críticas que Ivan recebeu em relação ao tecido tirânico de seu reinado, a ditadura tinha algo de positivo, por mais sombria que tenha sido. Ivan estava determinado a viver de acordo com o nome de "czar", os eslavos adotaram a palavra "César" e partiram para conquistar novas terras. Ele conseguiu expandir o império russo por meio de suas táticas selvagens de marca registrada, capturando a Sibéria, os Urais e partes do território do Volga. Para comemorar a captura de Kazan em 1552, Ivan ergueu a impressionante Catedral de São Basílio, que ainda hoje se encontra na Praça Vermelha de Moscou. Elementos europeus e asiáticos foram incorporados à estrutura de madeira, construída com uma base de pedra branca e uma fachada de tijolo vermelho, e coberta com cúpulas de lata em forma de cebola pintadas com padrões hipnotizantes em branco, dourado, vermelho, azul e verde.

Conquistas à parte, o tipo de liderança de Ivan mais do que marcou a reputação do czarismo. A drástica centralização de poder sob seu reinado viu a perseguição sangrenta de muitos da classe baixa. Ele estabeleceu uma organização apelidada de "Oprichniki", um exército de bandidos e ex-criminosos vestidos de preto que andavam pelas ruas com seus garanhões negros. Eles foram encarregados de manter a nobreza na linha e não hesitaram em matar qualquer um que se opusesse a Ivan. Não que houvesse muitos que ousassem sair da linha, de qualquer maneira - Ivan estava (supostamente) armado com uma lança de metal brilhante o tempo todo.

O Oprichniki mais tarde se ramificou para "pseudo-monasticismo", espantando as potências vizinhas da Europa. Juntos, eles recitavam as escrituras durante o jantar e realizavam rituais terríveis, envolvendo barris de vinho intermináveis, orgias selvagens, tortura excruciante e estupro de mulheres nobres e camponesas. Esses atos horrendos foram seguidos por atos igualmente desequilibrados de remorso, que viram os pecadores, incluindo Ivan, se atirarem de cabeça para baixo nas paredes e altares até que suas cabeças rachassem e o sangue escorresse por seus rostos.

O sangue coagulado que resultou dos reinados dos sucessores de Ivan até meados do século 17 empalideceram muito em comparação, mas o estrago já estava feito. Aos olhos da Europa, a Rússia era uma causa perdida irremediável, totalmente presa ao passado.Aqueles que tendiam a ser xenófobos não gostavam dos russos pela cultura heterodoxa e diversa que os tornava únicos.

À medida que os czares depois de Ivan acumulavam mais terras da Ásia, a população russa florescia com cores; para alguns, esses rostos estavam se tornando cada vez menos "europeus". Os russos praticavam uma versão diferente do cristianismo que os separava da Europa principalmente católica, e eles se comunicavam em uma língua diferente e escreviam em escrita cirílica, ao contrário da maior parte da Europa, que adotou o latim. Eles se vestiam de forma diferente, usando cocares, cafetãs, chapéus elaborados e casacos de pele e botas, muitas vezes em vermelho e outros tons atraentes. As barbas ficavam livres para crescer indomáveis e os sapatos eram usados para dormir, práticas fortemente desaprovadas pelo resto do continente.

Parecia que todas as grandes revoluções tecnológicas e

períodos de esclarecimento cultural haviam pulado a Rússia. Muitos dos habitantes se apegaram firmemente à tradição e se recusaram a aceitar mudanças.Isso ficou especialmente evidente quando Ivan fundou a primeira editora da Rússia, a "Moscow Print Yard", em 1553, provocando a ira dos escribas, pois seus empregos haviam sido ameaçados.Quando os manifestantes incendiaram o pátio, as gráficas o enviaram para a Lituânia e se estabeleceram lá.

Apesar do amor dos czares pela guerra, o exército e a marinha russos estavam se desintegrando e não podiam mais competir com suas forças rivais. Devido à queda do moral, a criatividade dentro do país era fraca e sem inspiração. O sistema escolar estava em desordem, com um currículo quebrado e sem padrões reais em termos de ciências ou matemática.

A mudança precisava acontecer agora, para que não atrasassem mais e ficassem para trás indefinidamente.

Um Brilho de Esperança

"Construí São Pedrosburgo como uma janela para deixar entrar a luz da Europa."- Czar PedroI da Rússia

O Czar PedroI da Rússia, também conhecido por seu povo como "Pedro, o Grande", assumiu o poder nesta posição tênue e, embora sua ascensão ao trono sagrado fosse uma façanha que ansiava por anos, Pedro sabia que não era fácil a tarefa à sua frente. No entanto, seria esse rei russo que sozinho reabilitou a nação em ruínas e a impulsionou para a era moderna.

Retrato de Pedro, o Grande de 1698

Pedro nasceu "Pyotr Alekseyevich" em Moscou, Rússia,

em 9 de junho de 1672. Seu nascimento dificilmente foi um milagre para o prolífico czar Alexis Mikhailovich, pois o bebê Pedro era seu décimo quarto filho, o primeiro filho de sua segunda esposa, Natalya Naryshkina. Os Mikhailoviches pertenciam à linhagem em formação do czarismo russo, que se originou com o primeiro czar da nação, Ivan, o Terrível, em 1547.

Aproximadamente 4 meses antes do aniversário de 4 anos de Pedro Alexis morreu de um ataque cardíaco e foi sucedido por seu filho mais velho sobrevivente, Feodor III, um garoto de 15 anos brilhante, mas doentio. Quando o jovem Feodor morreu de complicações de escorbuto em 1682, Ivan V, de 16 anos, e seu meio-irmão, Pedro, governaram conjuntamente pelos 14 anos seguintes. Ao contrário dos anteriores, Ivan V, apelidado de "Ivan, o Ignorante", nasceu com graves deficiências físicas e mentais.Ele não estava apto para a coroa, nem queria a posição em primeiro lugar.

Parecia, entretanto, que a coroa se encaixava perfeitamente na cabeça do jovem Pedro. No ano da morte de Feodor, uma multidão mal informada, mas maliciosa, convencida de que Ivan havia sido assassinado, invadiu o Grande Palácio do Kremlin, clamando por sangue. Em pânico, a czarina Nataylya prontamente apresentou Ivan e Pedro à multidão, garantindo que seus meninos estavam completamente ilesos. Diz a lenda que Ivan choramingando se encolheu atrás de sua mãe, já Pedro, que não piscava e era excepcionalmente alto e de ombros largos para sua idade, enfrentou a multidão quase sem estremecer.

Retrato de Pedro quando criança

Aos 27 anos, a deterioração da saúde de Ivan o deixou imobilizado, senil e praticamente cego. 2 anos depois, em 1696, ele morreu de uma doença relacionada, deixando para trás 3 de 5 filhas, mas nenhum filho. Foi só então que Pedro se tornou o único governante. Com uma altura impressionante de 2 metros, e o orgulhoso dono de uma cabeça cheia de cabelos escuros ondulados, uma testa ampla e um bigode fino e bem cuidado, ele era facilmente um dos mais altos e imponentes de todos os soberanos russos - não apenas em termos de altura, mas pelo peso e legado duradouro de seu governo. Um visitante italiano em sua corte descreveria mais tarde Pedro: "O czar Pedro era alto e magro, em vez de corpulento. Seu cabelo era espesso, curto e castanho escuro; ele tinha olhos grandes, pretos com cílios longos, uma boca bem formada, mas o lábio inferior estava ligeiramente desfigurado. Para sua grande altura, seus pés pareciam muito estreitos. Sua cabeça às vezes era puxada para a direita por convulsões. "

Desde o início de seu reinado, Pedro, o Grande, estava ansioso para dar a volta por cima. O novo czar estava convencido de que a melhor maneira de modernizar a Rússia seria emular os costumes e as políticas das principais nações europeias. Para começar, Pedro, que também acreditava no "absolutismo real", empregou-se como o mestre das marionetes da Igreja Ortodoxa Russa, pois ela possuía fundos cintilantes separados do estado, além de um rico estoque de terras e servos. Ele também se esforçou para renovar o sistema educacional e começou apresentando a Escola de Navegação e Matemática em Moscou. A nova escola, fundada em 1701, foi equipada com professores britânicos de renome. Naquele mesmo ano, escolas de idiomas e centros de treinamento militar surgiram em todo o país. Nos anos que se seguiram, fundos reais foram reservados para a construção de dezenas de escolas voltadas para medicina, engenharia, matemática, ciências e negócios.

Com o tempo, Pedro criou o primeiro jornal nacional da Rússia, conhecido como "Vedomosti".Os soldados russos tornaram-se altamente qualificados, pois Pedro acreditava que o conhecimento em uma ampla gama de campos era tão crucial quanto o aprimoramento das habilidades de combate e o aprimoramento das estratégias militares. Os nobres russos foram encorajados a ampliar seus horizontes viajando para outras cidades europeias e absorvendo os ideais iluministas das maiores mentes eruditas.

Esperava-se agora que os russos jovens e instruídos abandonassem a pele e os velhos hábitos e mantivessem o que estava em voga no Ocidente.No início do século 18, Pedro declarou que todos os boiardos, funcionários do governo, nobres e proprietários de terras deviam aposentar suas vestes russas tradicionais e atualizar seus guarda-roupas com elegantes cafetãs húngaros, anáguas e gorros franceses ou trajes alemães. Exceto os camponeses, aqueles que desejavam entrar em Moscou com roupas tradicionais russas eram multados.

Mais ou menos na mesma época, Pedro proibiu a barba. Aqueles que se recusaram a obedecer foram derrubados pelos homens de Pedro e suas barbas cortadas contra sua vontade. Essa prática teve vida curta porque foi condenada pelos líderes da Igreja, mas, mesmo assim, o empreendedor Pedro emitiu um "imposto sobre a barba" anual para aqueles que optaram por manter a penugem no queixo, as taxas variando de 2 copeques (aproximadamente 57 centavos de dólar americano hoje) para mendigos, a 100 rublos (2.879 USD) para os ricos.

Arquitetura de estilo europeu, jardins e outros aspectos da vida também se tornaram elegantes na Rússia, com russos ricos sendo encorajados a abraçar chás e festas sociais de estilo europeu. Pedro chocou sua própria corte ao receber nobres russas em reuniões sociais, criando um novo lugar para esposas e filhas nas vidas e nos círculos sociais da nobreza.Ironicamente, uma das mulheres que não se importou com essas mudanças foi a esposa de Pedro, Eudoxia, que era uma mulher russa muito tradicional. Enquanto ele ainda estava viajando pela Europa, ele escreveu para casa encorajando seu conselho a sugerir que Eudoxia se tornasse freira, mas ela recusou porque não queria se separar de seu filho. Pedro criou uma solução para esse problema desagradável simplesmente forçando-a a ir para um convento, um ato que pôs fim a seu casamento conturbado. Assim que Eudoxia entrou para um convento, ele foi considerado divorciado e livre para se casar novamente, enquanto seu filho vivo, Alexei, foi colocado aos cuidados de sua irmã Natalya. Eudoxia permaneceu em um convento ou aprisionada em uma fortaleza até que seu neto, Pedro II, assumiu o poder muitos anos depois.

Enquanto algumas das mudanças na volta de Pedro foram superficiais, outras foram mais significativas. Por exemplo, Pedro instituiu um novo calendário alinhado com o da Europa Ocidental para permitir uma melhor comunicação com o Ocidente. Hoje, o calendário ortodoxo continua diferente daquele usado pelos diferentes ramos cristãos na Europa Ocidental, mas na época de Pedro todos seguiam o mesmo calendário.

Influenciado por sua visita à casa da moeda em Londres, Pedro também ordenou a produção de novas moedas regulamentadas pelo governo para estabilizar a economia. Aceitando uma sugestão anônima de um servo (a quem ele mais tarde encontrou e libertou), Pedro imprimiu papel especialmente criado para documentos governamentais. Monopólios comerciais ajudaram a financiar o tesouro do governo, começando com um acordo de tabaco que Pedro negociou enquanto estava em Londres. Embora o tabaco tenha sido condenado pela Igreja Ortodoxa, foi adotado pela corte de Pedro, como tantos outros costumes europeus. Seguiram-se monopólios adicionais, permitindo ao governo obter lucros significativos à medida que crescia o desejo por produtos europeus.

Talvez a mais notável das realizações de Pedro tenha sido a fundação de São Pedrosburgo, a segunda maior cidade da Rússia hoje, depois de Moscou. O primeiro paralelepípedo foi plantado em 27 de maio de 1703. O que começou como terreno árido e pantanoso pontuado por fortificações espalhadas e desordenadas feitas de tijolo e pedra logo cresceu para uma cidade vibrante e agitada. A estrutura e o layout da cidade foram mapeados por alguns dos mais talentosos arquitetos europeus, incluindo Jean-Baptiste Leblond, Bartolomeo Rastrelli e Domenico Trezzini. Os distintos edifícios e pontes foram decorados no que agora é chamado de "Barroco Russo", a visão de um esforço colaborativo realizado por mais de 15.000 artesãos e servos.

Quando viajar e morar no exterior se tornou uma necessidade em seu projeto de expansão, Pedro decidiu construir residências reais sazonais em várias cidades russas. Pouco depois de o primeiro paralelepípedo ser colocado na nova cidade de São Pedrosburgo, Pedroencomendou a construção de um barraco de madeira provisório de um andar na margem norte do rio Neva. Embora esta morada não fosse nem de perto uma coisa desagradável, ela não estava nem perto de ser digna de um czar. Mas aqui, Pedro ficou para supervisionar melhor a construção da cidade até 1708.

2 anos depois, o Palácio Menshikov, projetado pelos

arquitetos italianos Giovanni Fontana e Gottfried Schädel, foi construído ao longo do Bolshaya Neva, o braço mais proeminente do rio.Foi a primeira construção de pedra da cidade, oferecida ao Príncipe Alexander Menshikov. Menshikov, ou a "Alteza Serena", como o povo o chamava, não era tecnicamente um príncipe, nem de origem nobre, mas subiu a escada real como estadista, tornando-se no final das contas o companheiro mais próximo de Pedro. A mansão palaciana impressionava seus visitantes com suas paredes de mármore, belas gravuras e pisos revestidos com ladrilhos de madeira laminados cuidadosamente dispostos à mão.

Em 1711, um dos arquitetos favoritos de Pedro, Trezzini, foi encarregado de demolir o barraco.Um belo palácio de pedra de 2 andares estava em seu lugar, completo com um porão espaçoso, e logo foi batizado de "Primeiro Palácio de Inverno". Em fevereiro de 1712, Pedro trocou votos com sua noiva ruborizada, Catarina I, no grande salão do palácio. Foi uma cerimônia de tirar o fôlego, realizada sob tetos altos primorosamente esculpidos e paredes pintadas, onde centenas de convidados desfrutaram de música alegre, um delicioso banquete e uma fantástica exibição de fogos de artifício. Quatro meses depois, Tezzini substituiu a Igreja de madeira de São Pedroe Paulo por uma catedral de pedra.

.

O Primeiro Palácio de Inverno

Catarina I

À medida que a família de Pedro continuava a se expandir, também crescia sua visão do impressionante Palácio de Inverno. Em 1716, o arquiteto alemão Georg Johann Mattarnovi foi contratado para construir uma extensão da estrutura - o Segundo Palácio de Inverno. Mattarnovi projetou um edifício impressionante de duas asas com torres de pedra e colunas de bronze polido, com fileiras de janelas altas em arco que permitiam o máximo de iluminação natural.

Dois anos depois, foi criado o Canal de Inverno, que vai do Rio Neva ao Rio Moika. Isso drenou o terreno do

Palácio de Inverno em expansão e definiu suas fronteiras.Foi no Segundo Palácio de Inverno que Pedro o Grande morreu em fevereiro de 1725, sucumbindo a infecções de uremia. Em 1736, altos funcionários da corte fixaram residência no palácio vazio.

Após a morte de Pedro, a czarina Anna Ivanovna, filha do meio-irmão de Pedro, Ivan, o Ignorante, subiu ao trono. O novo monarca era impopular, descrito como "pouco alfabetizado" e pouco atraente, com bochechas inchadas que lembram "presunto da Vestefália". Em 1732, um Terceiro Palácio de Inverno foi construído para a exigente imperatriz.Os arquitetos italianos, Carlo e Francesco Rastrelli, foram encarregados de criar a beleza de três andares.Posteriormente, as asas foram presas, formando uma estrutura em forma de T, sua parte de baixo ficava bem perto das águas do Neva.

Um retrato do Terceiro Palácio de Inverno

Retratos de salões internos e da Rotunda do palácio

A pequena sala do trono no palácio

Nesse mesmo ano, o complexo do Palácio de Inverno foi declarado residência oficial dos soberanos russos. Como uma observação interessante, a Czarina pode ter sido a inspiração na vida real de Elsa do sucesso da Disney, Frozen. Anna, que nunca teve muitos pretendentes genuínos em sua vida, ficou emocionada quando finalmente conseguiu um marido e se alegrou com seu casamento dos sonhos. Dois dias depois, Pedro encenou o casamento de dois anões, um caso extravagante que rivalizava com o dela. Muitos dizem que foi a interpretação não tão boa de Pedro sobre uma piada cruel com o objetivo de provocar a aparência de Anna. Para piorar a situação, Pedro desafiou o noivo dela para um concurso de bebida, que terminou com o marido dela morrendo de insuficiência hepática apenas dois meses depois. Quando Pedro rejeitou todos os pretendentes de Anna, a princesa entrou em um estado de depressão e ressentimento, e seu coração congelou. Em uma espetacular demonstração de vingança, ela ordenou a construção de um palácio de 25 metros de comprimento e 10 metros de altura, esculpido exclusivamente em gelo, que veio com móveis de gelo complementares e, mais importante, uma câmara de tortura.

Em 1741, a filha de Pedro, Elizabeth Petrovna, liderou um golpe e roubou a coroa de Ivan VI, com 1 ano de idade e, 3 anos depois, Francesco Rastrelli iniciou a construção da terceira extensão para o país das maravilhas do inverno imperial - o Quarto Palácio de Inverno. Ele foi auxiliado por Yury Felten, um arquiteto nascido de imigrantes alemães na Rússia. O time chefiado pela dupla desmontou o palácio de Anna (suas fundações foram mais tarde usadas para servir como a ala oeste da nova estrutura que ficaria em seu lugar), e a construção foi concluída 8 anos depois. A czarina Elizabeth morreria poucos meses antes de ver a conclusão do palácio.

Nessa época, Catarina II, finalmente lembrada como "Catarina a Grande", havia assumido o trono. Foi essa czarina progressista e ambiciosa que daria início a uma coleção de arte polida e incomparável que um dia transformaria o Palácio de Inverno na joia da Rússia - o Museu Hermitage. De fato, a imperatriz considerou a coleção tão inestimável que jurou mantê-la um lugar de "retiro e reclusão", e trancou os portões do palácio.Para enfatizar seu ponto de vista, Catarina declarou descaradamente: "Apenas os ratos e eu podemos admirar tudo isso!"

Catarina II da Rússia por Fyodor Rokotov

Catarina e a Ressurreição Cultural

"É melhor inspirar uma reforma do que aplicá-la." - Catarina a Grande

Catarina II nasceu na Prússia (atual Polônia) em 2 de maio de 1729 como "Sophie Friederike Auguste". Em contraste com os czares e czarinas que governaram antes dela, Sophie não era descendente direta do czar, mas filha do príncipe do pequeno distrito alemão, Anhalt-Zerbst.

Enquanto ela estava sempre confortavelmente alimentada e bem vestida, uma rixa se desenvolveu entre a jovem Sophie e seus pais, que não faziam segredo de sua preferência por um menino. Seus pais bajularam seu irmão mais velho, Wilhelm, durante a maior parte de sua infância, até que o menino foi atacado por varíola e morreu repentinamente aos 12 anos.

Como a princesa Johanna Elisabeth não fez nenhum esforço para esconder seu flagrante favoritismo, Sophie encontrou uma figura maternal em sua governanta, Mademoiselle Babette. Sob Babette, junto com outros professores particulares selecionados a dedo, Catarina consumiu literatura europeia e tornou-se fluente em alemão, russo e francês. Seu tutor de religião era um capelão do exército, que a apresentou à fé luterana alemã, mas mesmo em uma idade jovem, Sophie era conhecida por questionar e apontar supostas inconsistências dentro da doutrina.

Quando Sophie chegou à adolescência, sua mãe, que estava ficando insatisfeita com sua atual situação de vida, decidiu que ela havia encontrado utilidade em Sophie, afinal. Sophie tinha crescido rapidamente em sua aparência e se tornado uma jovem bastante atraente, com seus cabelos escuros em cascata, olhos redondos deslumbrantes, corpo rechonchudo e "uma boca que parecia convidar a beijos". Johanna começou a pedir a

Sophie para acompanhá-la em viagens para visitar parentes reais ao redor da área na esperança de casá-la. Sophie concordou prontamente, pois o casamento parecia ser a passagem perfeita para a liberdade e o poder, que permitiria que ela finalmente deixasse seu relacionamento tóxico com a mãe para trás.

Em 1744, Sophie, de 15 anos, juntou-se à mãe em uma viagem à Rússia a pedido da Czarina Elizabeth Petrovna. Lá, ela foi reintroduzida ao seu primo e sobrinho de Elizabeth, o grão-duque Pedro Fedorovich. Embora ele fosse apenas um ano mais velho do que ela, Pedro a desafiava.Seja como for, ficou claro desde o início que o amor não tinha importância nesta união. O casal se casou um ano depois, e para fechar o casamento, Sophie, agora uma grã-duquesa, teve que se converter à Igreja Ortodoxa, o que desapontou seu devoto pai luterano. No dia de sua conversão, ela foi abençoada com um novo nome, "Yekaterina", ou "Catarina".

A jovem Catarina logo após sua chegada à Rússia, por Louis Caravaque

Pedro

Para Johanna e Elizabeth, era uma situação boa para todos.Johanna receberia o estilo de vida floreado que buscava, e os recém-casados agora poderiam produzir um herdeiro para o trono russo. Mas, para a czarina, as coisas não sairiam conforme o planejado - longe disso. Sem surpresa, o casamento estava condenado desde o início. Catarina tinha uma sede de intelecto que o jovem Pedro não conseguia saciar, pois não tinha nenhum interesse por acadêmicos. Catarina tinha sua imagem em especial consideração, enquanto Pedro estava visivelmente despreocupado com sua reputação. Pedro negligenciou Catarina romanticamente, pois não a achava atraente, e optou por passar o tempo brincando com soldadinhos de brinquedo. Da mesma forma, Catarina o achava igualmente desagradável, muitas vezes zombando dele e fazendo comentários amargos sobre seus olhos protuberantes e estúpidos. E enquanto Catarina era equilibrada, falante e focada, Pedro era temperamental e explosivo.

Por cerca de 9 anos, Elizabeth esperou, mas devido à falta de faísca entre os dois, nenhum herdeiro foi produzido. Nesse caso, os opostos certamente não se atraíam. Na verdade, a divisão entre os recém-casados só aumentou. Os insultos de Catarina ao marido pioraram. Dizia-se que ela constantemente se referia a ele como "aquele idiota imprestável" e "aquele bêbado de Holstein". Louise Philippe, uma embaixadora francesa e uma das confidentes mais próximas de Catarina, fez o seguinte comentário sobre a "união malfeita", dizendo: "Parece que por algum estranho capricho, o destino quis dar ao marido pusilanimidade, absurdo, a tolice de alguém destinado a servir e dar a sua esposa o espírito, a coragem e a firmeza de propósito de um homem nascido para governar."

Apenas alguns meses após o casamento, a dupla sem amor havia começado cada um casos extraconjugais por conta própria. Diz-se que a própria Catarina teve inúmeros encontros com pelo menos 22 amantes do sexo masculino, mesmo até seus anos dourados, quando se tornou uma czarina obesa e rude. Ela permaneceu leal e generosa com cada um de seus amantes, mesmo depois de seus rompimentos inevitáveis, concedendo-lhes títulos de prestígio, vastas porções de terras e servos contratados como símbolos de gratidão. Certa vez, ela disse que presenteou um ex-amante 1.000 servos para agradecê-lo pelas memórias.

Catarina ostentava seu apetite sexual insaciável, que era altamente incomum nas mulheres daquela época. De acordo com um de seus amantes, o príncipe Grigory Potemkin, que era 10 anos mais novo que ela, Catarina estava em busca de "um jovem com vigor para o bem de sua saúde". Os candidatos seriam "testados" por suas leais damas de companhia e a czarina seguiria as recomendações fornecidas por suas "especialistas".Tornou-se um hábito "namorar" mais de um de seus "vremenshchiki" (homens do momento) de cada vez. Posteriormente, sua promiscuidade gerou rumores de que ela havia morrido em decorrência de ferimentos causados por forçar um cavalo a montá-la, mas os historiadores desde então desacreditaram o mito.

Entre seus favoritos estava o homem encarregado da casa de seu marido, o carismático e bem-educado camareiro real, Sergei Saltykov.Saltykov é amplamente considerado como o primeiro amor verdadeiro de Catarina. Em 1754, as orações da czarina Elizabeth foram atendidas quando Catarina finalmente deu à luz seu primogênito, Paul, e naquele mesmo ano, as pessoas começaram a acusar Saltykov de ser o verdadeiro pai de Paul, já que se especulava que Pedro era infértil. Alguns chegaram a dizer que a czarina Elizabeth não só sabia sobre o caso, mas na verdade ordenou o nascimento. Grigory Orlov e Stanislaw Poniatowski, outros dois namorados de Catarina, supostamente geraram outro menino e uma menina que morreram antes dos 16 meses de vida, fato que foi escondido do público.

Catarina esguichou combustível nas chamas do boato Salytkov em suas próprias memórias, mas os cronistas modernos acreditam que isso nada mais foi do que uma tentativa de manchar ainda mais o nome de Pedro. Três anos após o nascimento de Paul, Catarina e Pedro tiveram outra filha, a quem chamaram de "Anna Petrvona".

Outra maneira de Catarina se distrair do casamento fracassado foi nutrindo sua mente brilhante. Além de brincar com seus homens, ela frequentava as bibliotecas reais e lia livros sobre literatura e filosofia alemã, romana e outras europeias do começo ao fim. Suas opiniões políticas foram moldadas pelos ideais de Pedro, o Grande, e pelas obras de Montesquieu, um renomado advogado e filósofo francês.

Montesquieu

O Espírito das Leis, um tratado escrito por Montesquieu, teve o maior impacto em Catarina. Exortava os governantes a "buscarem uma alma republicana", e o autor ilustrou seu ponto ao delinear a separação ideal de poderes após a monarquia inglesa. Com base nas obras de Montesquieu, que emprestou elementos do Segundo Tratado de Governo de John Locke , um equilíbrio entre poder e liberdade pode ser alcançado por meio da ramificação dos poderes executivo, judicial e legislativo.

Catarina se viu particularmente atraída pelos famosos estudiosos do Iluminismo francês, especialmente Diderot e Voltaire.Chegou a instigar com este último um relacionamento por correspondência que duraria 15 anos, até a morte de Voltaire. Embora nunca se encontrassem pessoalmente, a admiração que compartilhavam um pelo outro estava bem documentada em suas cartas.Voltaire se dirigiu a Catarina com nomes lisonjeiros, como "Estrela Brilhante do Norte" e "Semíramis da Rússia". Outro trecho de suas últimas cartas dizia: "Se eu morrer na estrada, vou colocar minha pequena tumba:'Aqui está o admirador da augusta Catarina.' "

Essas são apenas algumas das razões pelas quais Catarina foi aclamada como a "governante mais letrada da história da Rússia". Mais tarde, ela começou a escrever anonimamente, contribuindo para obras satíricas publicadas anonimamente e comédias. Melhor ainda, ela era um camaleão que se misturava quase perfeitamente com a cultura russa e sabia exatamente como demonstrar externamente sua nova fé ortodoxa.

Menos de um mês após a morte da czarina Elizabeth em 1761, Pedro subiu ao poder como czar Pedro III.Nesta fase, o casal estava casado há 16 anos, mas o ressentimento por outro lado só havia se intensificado. Pedro há muito desenvolveu dúvidas sobre o sindicato contra o qual protestou tanto. Alguns disseram que o ressentimento resultou de uma de suas primeiras aparições públicas como marido e mulher - Catarina o humilhou ao rejeitar friamente sua taça erguida na frente de todos os convidados. Logo ficou evidente que suas suspeitas sobre Catarina eram justificadas. Antes mesmo de Pedro ter se acomodado em seu assento real, os amigos de Catarina a alertaram para segurar firme a coroa. Eles informaram a ela que Pedro estava abertamente contemplando a remoção de Catarina do trono e substituí-la por uma de suas amantes. Temendo por sua segurança, eles insistiram que o tempo estava passando e imploraram para que ela fugisse, mas Catarina parecia nervosa com a revelação. Em vez disso, ela permaneceu calma e ficou parada, e como ela previu, permitiu que o imprudente Pedro se cuidasse de seu próprio fim.

Além da demonstração aberta de crueldade de Pedro para com a esposa, que conquistou a simpatia do público, sua promoção de políticas pró-prussianas começou a repelir aqueles ao seu redor. A Igreja não estava mais satisfeita com ele, pois ele havia confiscado suas terras em uma de suas amplas reformas domésticas. Quase meio ano após o início de seu reinado, o governo, os líderes eclesiásticos e os militares chegaram a um consenso - eles o queriam fora.Um golpe foi organizado por Catarina e seu amante na época, o tenente Grigory Orlov. O objetivo principal deles era tirar Pedro do trono, acomodando efetivamente Catarina e Paulo, que tinha 7 anos, como seu regente. Em 28 de junho de 1672, apoiada pelas tropas comandadas por Orlov, Catarina conseguiu persuadir Pedro a entregar sua coroa.Pedro foi encontrado estrangulado até a morte por um dos golpistas alguns dias depois.Se Catarina teve ou não uma influência em sua morte ainda não se sabe.

Orlov

Como czarina, Catarina pretendia começar com o pé direito com seus novos súditos. Para mostrar seu apreço, além de evitar que os militares se rebelassem contra ela no futuro, ela promoveu e concedeu presentes àqueles que a apoiaram durante o golpe. Ela devolveu as terras anteriormente arrebatadas por seu marido e corrigiu o relacionamento com os líderes da igreja. Catarina jurou defender a visão de Pedro, o Grande, para a Rússia e cimentou sua devoção a ele e sua palavra erguendo uma escultura vistosa como um tributo a ele, intitulada o "Cavaleiro de Bronze".

A Rússia finalmente entrou em uma idade de ouro que já deveria ter ocorrido sob o reinado de Catarina, que desde então foi homenageada como a "Era Catarinense". Suas reformas mais importantes giraram em torno da educação e das artes. Como Pedro, o Grande, ela acreditava sinceramente que modernizar o sistema educacional russo com os ideais europeus liberais era a resposta para a criação de um "novo tipo de pessoa". Catarina deu início a uma campanha para projetar um sistema que garantisse educação para todos os russos - exceto os empregados - com idades entre 5 e 18 anos. Para sua consternação, o sistema falhou em fazer um barulho poderoso o suficiente, mas mesmo assim, ela fundou o Moscow Foundling Home para órfãos pobres, bem como o Smolny Institute for Noble Girls, uma pensão só para mulheres. Ela também estabeleceu uma rede de escolas gratuitas em várias aldeias russas.

Catarina ganhou mais fãs ao se tornar uma defensora vocal da arte, literatura e ópera.Em meados do século 18 , ela descobriu que o governo francês estava ameaçando não apenas censurar, mas proibir a publicação da Encylopédie, também conhecida como o Dicionário Sistemático de Ciências, Artes e Ofícios, citando seu ideias ateístas e propaganda "irreligiosa". Catarina aproveitou a oportunidade e convidou os autores do livro controverso, Denis Diderot e Jean le Rond d'Alembert, para a Rússia, onde eles foram livres para escrever e publicar sob o conforto de sua proteção.

Por outro lado, Catarina não era tão indulgente quando se tratava de publicações que manchavam seu nome. Três décadas depois, o crítico social e autor Alexander Radishchev publicou Jornada de São Petesburgo a Moscou. Frequentemente referido como a versão russa de A Cabana do Tio Tomás, o comentário político criticou Catarina por suas deficiências, apontou os fracassos de seu reinado e avisou sobre os potenciais levantes dos servos.Pouco depois de o livro se tornar público, Radishchev foi rejeitado na Sibéria.

1764 foi o ano em que Catarina começou sua coleção de arte fenomenal. Ela fechou seu primeiro contrato com Johann Ernst Gotzkowsky, que estava tentando se livrar do pesado conjunto de pinturas que reunira para o rei Frederico II da Prússia, que não estava mais interessado. Ele procurou compradores alternativos e acabou recorrendo aos russos quando sua dívida crescente o alcançou. Para cobrir os custos dos numerosos depósitos de grãos russos que encomendou e prometeu comprar, o comerciante alemão ofereceu as pinturas à coroa.

Gotzkowsky

Intrigada, Catarina aceitou a coleção, que consistia em 225 das 317 pinturas europeias (predominantemente flamengas e holandesas) do pacote original. Depois de alguma inspeção, Catarina percebeu que as pinturas eram de "qualidade irregular", já que Gotzkowsky, embora um comerciante de seda habilidoso, não tinha experiência em pinturas. Mesmo assim, a czarina valorizava essas pinturas.

A coleção única também incluiu a criação de Rembrandt, Jacob Jordaens, Paolo Veronese, Frans Hals, Rubens e outros gênios artísticos. Entre as obras-primas mais apreciadas estava "Danaë" de Rembrandt, de 1636. Nomeado diretamente após o tema, a mãe do herói grego, Perseu, a pintura retrata Danaë em toda a sua glória nua e bem torneada, esparramada em uma cama de 4 colunas dormindo enquanto acena para Zeus, que é visto espreitando ao fundo, prestes a se juntar a ela.

Outro foi "The Idlers", pintado por Jan Steen.Steen era

conhecido por suas representações vívidas da vida holandesa no século 17, especializado em retratos de "grupos alegres em ambientes caóticos". A pintura em questão mostra um casal em um antro de ópio desordenado. Um homem desalinhado, de cabelos compridos, com um cachimbo aceso na mão, é visto com um sorriso delirante no rosto. Ao lado dele, sua companheira é nocauteada, caída contra uma mesa repleta de parafernálias.

.

Naquele ano, Yury Felten foi recontratado para construir outra extensão na ala leste do Palácio de Inverno, que seria revelada como o "Pequeno Hermitage". A primeira das novas estruturas no complexo era um edifício de dois andares feito de pedra branca imaculada, que foi construída com uma combinação de cantos bem definidos do neoclassicismo, janelas em arco de inspiração barroca e colunas coríntias que revestiam a segunda camada da estrutura. Este se tornaria o lar da florescente coleção de arte de Catarina, e uma comunidade de mais de 1.000 pessoas residiria no complexo de Hermitage, principalmente a família imperial e seus servos.

Entre 1767 e 1769, Jean-Baptiste Vallain de la Mothe acrescentou um lindo pavilhão ao Pequeno Hermitage. O anexo vinha com uma cabine ou salão de banquetes que servia de cenário para as festividades reais, quartos elegantes e uma estufa primitiva. Seu interior era adornado com acabamentos em folha de ouro, colunas brancas e lustres cintilantes.

O Pavilhão Hall no Pequeno Hermitage

Os pavilhões norte e sul do Palácio de Inverno eram ligados pelo "Jardim Suspenso", uma passarela do segundo andar repleta de um labirinto de flores exóticas, sebes, árvores em miniatura e outras plantas. Aqui, Catarina entreteve um punhado de convidados com peças e jogos, mas mesmo seus companheiros mais confiáveis foram impedidos de entrar em suas salas de exibição.

Até 1775, mais galerias foram adicionadas para acomodar a coleção em expansão de Catarina. No devido tempo, a czarina aceitou a ideia dos visitantes, mas ela só permitiu visualizações monitoradas de perto para um punhado de participantes aprovados, dos quais foram recebidos em pequenos grupos.

Em 1787, o complexo de Hermitage recebeu mais dois acréscimos. O primeiro foi o Grande (Antigo) Eremitério, que levou 16 anos para ser concluído e foi erguido bem ao lado do Pequeno Eremitério. Com o novo prédio, vieram galerias mais amplas, salas de exposições e uma biblioteca. Ao contrário das estruturas anteriores, o Grande Hermitage tinha uma aparência mais rústica, com janelas idênticas revestindo a fachada de ambas as camadas. Em seguida, foi o Teatro Hermitage. A construção do projeto foi encomendada 5 anos antes, comandada pelo arquiteto italiano Giacomo Quarenghi.Dizia-se que o teatro era um modelo do neoclassicismo russo do final do século 18, e era decorado com esculturas e molduras que homenageavam a literatura clássica europeia. As janelas do primeiro andar eram ornamentadas com pedras angulares em forma de cabeça de leão. Estátuas de célebres poetas e dramaturgos gregos foram intercaladas entre a reluzente arcada de colunas na camada superior.

Foto de A. Savin do Teatro Hermitage

Era tão surpreendente por dentro quanto por fora. Dentro do teatro havia um grande auditório que remetia aos anfiteatros da Grécia e Roma Antigas, com uma galeria semicircular com 6 bancos. As paredes brilhantes eram feitas de mármore falso. Máscaras de teatro clássicas embelezavam as colunatas internas e o resto do teatro era decorado com mais efígies e medalhões estampados com perfis de dramaturgos europeus.

Catarina continuou a diversificar sua coleção até o final de seu reinado. A maioria dessas coleções havia sido legada à família de colecionadores famosos, que valorizavam o lucro em relação às relíquias de família. Em 1768, ela adquiriu a coleção do conde Karl von

Cobenzl, um político de Bruxelas. Este pacote consistia em uma coleção colossal de 4.000 pinturas e desenhos do "Velho Mestre", um termo que se referia aos ilustres artistas do passado, particularmente entre os séculos 13e 17 .

Um ano depois, ela comprou outra coleção de um estadista polonês-saxão recentemente falecido, Heinrich von Brühl. Esta coleção de 1.600 peças, que apresentava 1.000 desenhos exclusivos de Ticiano e Paolo Veronese, bem como 600 pinturas de Rembrandt, Rubens e Watteau, tinha um preço de 180.000 florins (cerca de USD 17,156 milhões hoje).

Suas habilidades de colecionador de arte só aumentaram com a idade. Em 1772, com a ajuda de Diderot, Catarina superou seus concorrentes em um leilão de arte, adquirindo com sucesso a coleção do colecionador francês Pierre Crozat.

Catarina logo seguiu para a coleção de artefatos, descobrindo uma predileção especial por joias.Seus favoritos eram pedras preciosas gravadas e camafeus, que eram peças de joalheria do tamanho da palma da mão de uma criança, com um retrato intrincadamente esculpido no broche. Vitrines foram construídas posteriormente, dedicadas a exibir a extensa coleção de joias de Catarina. Mais tarde, a grã-duquesa Maria Fyodorovna desenhou um camafeu com o retrato de Catarina, a Grande, que já foi adicionado à vitrine.

Na época da morte da déspota, em meados de novembro de 1796, a czarina havia acumulado mais de 38.000 volumes de livros, 14.000 pinturas e desenhos do Velho Mestre, 16.000 moedas e medalhas e 10.000 pedras preciosas gravadas.

A Expansão do Hermitage e sua coleção

"Ao criar uma obra de arte, a psique ou alma do artista ascende do reino terreno para o celestial ... A arte é, portanto, um sonho materializado, separado da consciência comum da vida desperta."- Pavel Florensky, teólogo russo do século 19

Os anos que Catarina passou cuidando do neto, Aleksandr Pavlovich, não foram desperdiçados. Em 23 de março de 1801, após uma violenta revolta no palácio que resultou no assassinato do pai de Aleksandr, Paul, 12 dias antes, Aleksandr de 24 anos herdou o trono. Ele ficou conhecido desde então como o czar Alexandre I da Rússia.

Alexander I

Alexandre acreditava que algum controle de danos deveria ser feito. Ele imediatamente exigiu que os exércitos cossacos fossem resgatados da Índia, que então estava sob o domínio dos britânicos, mas enquanto a ponte entre a Rússia e a Índia era reparada, as ações do czar irritaram o dínamo militar francês, Napoleão Bonaparte. Bonaparte já havia decidido enviar suas próprias tropas francesas para ajudar os cossacos na captura da Índia, como o pai de Alexandre pretendia inicialmente. Com isso em mente, Alexandre não parecia muito incomodado com o desgosto de Bonaparte, pois sempre discordara da maneira descortês com que o general francês tratava seus negócios com os líderes italianos e alemães. Felizmente, Alexandre e Napoleão concordaram em deixar de lado suas diferenças com o "Tratado Franco-Russo", assinado em 11 de outubro de 1801, que garantia a paz entre todas as partes interessadas. E assim, a paz foi mantida - pelo menos pelos próximos 11 anos.

Napoleão

Desde a ascensão de Napoleão ao poder em 1799, o lendário conquistador francês saiu vitorioso em uma série de batalhas, que lhe permitiram plantar suas bandeiras em vários territórios do continente. No início do século 19, a França voltou suas atenções para o império Rurik e, após sucessos estrondosos na Europa, Napoleão deu início à Campagne de Russie, que se traduz em "Campanha Russa". Em 24 de junho de 1812, Napoleão reuniu uma força de cerca de 680.000 soldados do Grande Armée, o "exército europeu mais diverso desde as Cruzadas". As tropas francesas cruzaram o rio Niemen, enfrentando 200.000 homens de Alexandre do outro lado. Os homens de Napoleão superavam facilmente os de Alexandre, o que o general francês sabia que seria útil durante o processo de negociação. Ele esperava convencer o czar russo a romper as relações comerciais com o Reino Unido. Se tudo corresse bem, os britânicos implorariam pela paz e a Rússia concordaria em se retirar da Polônia.

Como Napoleão havia previsto, seus homens capturaram a cidade de Vilna com facilidade apenas 3 dias após colocar os pés em solo russo, mas naquela mesma noite, as celebrações dos soldados franceses foram interrompidas por uma tempestade monstruosa como nenhuma outra, e em poucos minutos, Vilna descobriu-se inundado com torrentes de chuva gelada, seguido por um bombardeio fatal de granizo e granizo que matou vários cavaleiros e seus cavalos. Mesmo no meio da fúria da Mãe Natureza, Napoleão não se intimidou. Para reviver seus homens desanimados, ele proclamou: "Vim de uma vez por todas para acabar com esses bárbaros do Norte. A espada está desembainhada. Eles devem ser empurrados de volta ao gelo, para que pelos próximos 25 anos, eles não venham mais se ocupar com os assuntos da Europa civilizada." Parecia que, independentemente de todos os saltos e saltos que a Rússia havia dado desde Ivan, o Terrível, a nação permanecia uma pária.

Com o passar dos meses, a Rússia ficou espessa com a névoa aparentemente impenetrável da artilharia e do fogo de canhão. As ruas desertas estavam em ruínas silenciosas, com centenas de prédios russos totalmente queimados ou totalmente destruídos. Um zumbido pairava no ar, deixado para trás pelo rugido de 3 estrondos de canhão e 7 tiros de mosquete soando a cada segundo. Cerca de 70.000 homens morreram nas batalhas em Smolensk e Borodino.

Quando o que restou do Grande Armée marchou para Moscou em 14 de setembro, a confusão já havia tomado conta da cidade. Tendo antecipado o ataque iminente, a maioria de seus habitantes já havia sido evacuada. As famintas tropas francesas saquearam as casas dos ricos e desperdiçaram a pouca comida e bebida disponíveis. Cerca de um mês depois, as rajadas de neve e os ventos frios expulsaram as tropas francesas.

Nesta conjuntura, Napoleão estava reduzido a 100.000

homens.Sentindo o cheiro de uma vitória confortável, Prússia, Áustria e Suécia intervieram para extinguir as últimas forças francesas. Foi somente depois de sofrer uma derrota debilitante na Batalha de Leipzig que Napoleão percebeu que o fim estava próximo. Em março de 1814, Paris foi tomada e o general francês foi banido para a ilha italiana de Elba. David Bell, um professor da Universidade de Princeton, fez uma observação adequada sobre a conclusão da conquista fracassada de Bonaparte dos "bárbaros" homens do gelo do Norte: "Charlex XII tentou, Napoleão tentou, Hitler tentou.Nunca parece funcionar invadir a Rússia. "

Em 9 de junho de 1815, conforme decidido pela Ata Final do Congresso de Viena, Alexandre se tornou o primeiro rei russo da Polônia. Mais tarde naquele ano, Alexandre estabeleceu a Santa Aliança, um documento de consentimento mútuo que exigia que os governantes da Áustria, Prússia e Rússia defendessem os princípios cristãos. Desse ponto em diante, as reformas de Alexandre apenas se tornariam mais conservadoras, redirecionando a Rússia para seus métodos antiquados e tradicionalistas.

Sua paranóia piorou no final de seu reinado.Ele repeliu muitas das políticas progressistas que havia instituído anteriormente. Ele limpou professores estrangeiros de escolas russas e remodelou o currículo para refletir suas visões ultraortodoxas e politicamente conservadoras.

Temendo a retribuição de ex-rivais de conquista e revoltas de seu povo cada vez mais inquieto, o czar criou os primeiros assentamentos militares no país, que eram essencialmente comunidades de soldados casados e camponeses treinados nas artes da agricultura e da guerra.

Embora o progresso da sociedade na Rússia tenha entrado em uma calmaria sob a administração de Alexandre, a preciosa coleção de arte de Catarina continuou a crescer. A ex-mulher de Napoleão, Joséphine de Beauharnais, era uma colecionadora de arte tão ávida quanto Catarina. Sua coleção, que ela havia compilado com amor durante seu casamento após o divórcio em 1809, estava armazenada no Château de Malmaison. Como o casal se separou em termos relativamente amigáveis, Napoleão permitiu que ela ficasse com a mansão que ela tanto adorava.

Joséphine

O Château de Malmaison

O château era um pequeno pedaço do paraíso por si só, com jardins frutíferos, flores perfumadas e criaturinhas correndo de um lado para o outro. Assim que os visitantes de Joséphine cruzaram a soleira, foram recebidos por um notável tesouro de esculturas, móveis, pinturas, joias e outras antiguidades impressionantes.Incluídos em sua coleção de 400 originais, havia itens de Rembrandt, Van der Werff, Claude Lorrain e Gabriël Metsu.A maioria dessas obras-primas foi comprada, e a outra fração, presentes das conquistas de Napoleão.

Após o exílio de Napoleão em Elba, Joséphine começou a se preocupar com a perda de seus títulos e propriedades para o czar russo, então, quando Alexandre apareceu no castelo para uma visita em maio de 1814, ela preparou algo para ele, esperando que as coisas funcionassem a seu favor. Com um brilho nos olhos, Joséphine abriu as mãos, revelando o Gonzaga Cameo aninhado entre suas palmas, que já pertencera ao Papa Pio VI antes de ser roubado dele. Deste o século 3 AC, o pingente de sardônia era excepcionalmente grande para seu tipo, com um retrato duplo dos monarcas egípcios Ptolomeu II e Arsínoe II, e as cabeças minúsculas de Fobos e Medusa na gola de seu vestido.

Alexandre aceitou de bom grado o camafeu, mas tal presente era redundante, já que ele nunca teve a intenção de tirar nada dela em primeiro lugar; em vez disso, ele só estava interessado em fazer amizade com ela. Os dois se tornaram amigos rapidamente e continuaram se correspondendo até sua morte abrupta no final daquele mês. Fiel à sua palavra, garantiu que os descendentes de Joséphine fossem bem cuidados, não só permitindo que mantivessem os seus títulos, mas dotando-os de amplas fortunas.

Um ano depois, Alexandre comprou 38 pinturas e 4 esculturas Canova dos herdeiros de Joséphine, que totalizaram 940.000 francos (cerca de USD 3,478 milhões). Logo depois, ele adquiriu outras 15 pinturas - desta vez, de origem espanhola - da coleção de Joséphine em Amsterdã por meio de outro terceiro por 100.000

florins (USD 9,531 milhões). Foi então que o Império Russo atingiu mais um marco cultural, com a maior coleção de Rembrandt do mundo.

Em 1820, Alexandre ordenou a construção do Edifício do Estado Maior.Deveria ser construído no lugar das casas particulares que logo seriam demolidas ao longo da Praça do Palácio e do Rio Moika em São Pedrosburgo. Karlo Rossi, um arquiteto russo que aprendeu seu ofício na Itália, foi designado para gerenciar o projeto.As plantas de Rossi ostentavam um arco que conectaria o novo prédio de 5 andares e seus 5 pátios ao componente central do Palácio de Inverno. Este arco, projetado por Stepan Pimenov e Vasily Demuth-Malinovsky, fez mais do que apenas melhorar a estética do complexo - ele simbolizou o triunfo da Rússia na guerra de 1812. As colunas do arco eram decoradas com estátuas de anjos alados e soldados em equipamento completo e, em sua coroa, uma escultura sublime da Deusa da Glória surfando na Carruagem da Vitória.

Foto de Wolfgang Moroder do Edifício do Estado Maior

O Edifício do Estado Maior combinava perfeitamente com os edifícios existentes e era outra obra de arte em pé. Em contraste com a fachada austera e monótona do edifício, seu esplêndido interior apresenta colunatas decorativas e maravilhosos murais pintados à mão nas telas de seus tetos altos. Quando a construção foi concluída em 1830, funcionários do governo mudaram-se, instalando os escritórios dos Ministérios das Finanças, Relações Exteriores e outros escritórios relacionados.

Infelizmente, Alexandre não viveu para ver o Edifício do Estado Maior em toda a sua glória, pois morreu de tifo em 1º de dezembro de 1825. Alguns teorizaram que ele finalmente cedeu com a pressão e fugiu de seu reino, assumindo a identidade de Feodor Kuzmich, um monge que se tornou santo e que, mais tarde, foi canonizado pela Igreja Ortodoxa Russa. Treze dias depois, apesar de tudo, o grão-duque Nicolau Fyodorovna, neto de Catarina de 9 anos, subiu ao trono como o czar Nicolau I.

Czar Nicolau I

Nicolau teve o maior choque de sua vida quando soube que era o próximo na linha de sucessão ao trono. Ele estava autoconsciente o suficiente para perceber que não tinha a experiência militar e política necessária para o cargo.Ainda mais chocados ficaram os generais militares russos, que eram conhecidos por terem criticado Nicholas por seus modos teimosos e de "encontrar defeitos".

Embora suas reformas constitucionais e promoção fervorosa da autocracia russa não agradassem a seus súditos, ele também encontrou importância em promover a liderança da nação na corrida cultural. Em 1829, ele comprou mais 30 pinturas da filha de Joséphine, Hortense.Mais tarde, a filha de Nicolau, Maria Nikolaevna, casou-se com o sobrinho de Joséphine, Maximilian de Beauharnais, e Maximilian herdou sua parte da coleção de Joséphine, que incluía peças históricas de móveis, prata, porcelana, bronzes e tapeçarias. Esses artefatos foram então transferidos para o Palácio Mariinsky em São Pedrosburgo por um tempo, que Nicholas construiu e batizou com o nome de sua filha, antes de serem repassados para outras casas como herança de família.

A tragédia caiu sobre o Palácio de Inverno em dezembro de 1837. Quando ondas de fumaça começaram a sair do sistema de ventilação do Hall Fieldmarshal, o palácio se transformou em um pandemônio. Os que estavam lá dentro foram prontamente escoltados para fora das instalações, apenas para serem afastados pelos bombeiros que chegavam ao local. Apesar de seus melhores esforços, as chamas crepitantes queimaram por mais 3 dias antes de serem finalmente apagadas. Embora quase todas as exposições tenham sido recuperadas, a maioria intacta, incluindo o trono imperial, faixas dos guardas e pinturas da Galeria Militar, o interior do palácio foi destruído. Pior ainda, 30 guardas teriam perdido a vida no incêndio.

A sala do trono

Vasily Stasov e Alexander Briullov foram encarregados de reconstruir as seções estragadas da fachada do palácio e dos salões de desfile, e seu interior, respectivamente. Em 1839, a reforma do palácio resultou em paredes de pedra e tijolo à prova de fogo, e escadas totalmente novas feitas de pedra e ferro fundido. A Jordan Staircase na Fieldmarshal's Room, uma beleza de mármore branco empoleirada sobre um trio de arcos, estava entre as restaurações mais elogiadas do par. A sala que abrigava a chamada "escada imperial" apresentava lances divididos revestidos de carpete vermelho-real, lustres de bronze, mais enfeites de folha de ouro e um mural de deuses do Olimpo pintado na extensão do teto.

O Armorial Hall, medindo 1.000 metros quadrados de tamanho, também foi redesenhado. Feito para realizar cerimônias reais, Stasov instalou elegantes pisos de madeira, lustres incrustados de joias, colunas de flauta douradas e estátuas em tamanho natural, e as paredes receberam uma nova camada de tinta branca. No total, as renovações somaram 100.000 rublos (USD 2,879 milhões).

Entre 1840 e 1843, Stasov foi reempregado para iniciar outra rodada de reformas no Pavilhão Sul do palácio. Enquanto isso, o arquiteto alemão, Leo von Klenze, foi encarregado de construir um novo edifício projetado especificamente para exibir as lojas e acomodar os convidados de um museu público. O projeto, conhecido como "Novo Hermitage", foi supervisionado por Stasov e Nikolai Yefimov. Um imponente pórtico servia de entrada para o novo edifício, sustentado por colunas quadradas e majestosas esculturas de granito de homens robustos segurando o telhado, ou como é conhecido no mundo da arquitetura - "Atlantes".

O Novo Hermitage

Klenze anunciou a conclusão do Novo Hermitage em 1851.No ano anterior, Nicolau havia adquirido outra coleção de Cristoforo Barbarigo em Veneza, que incluía 5 novas pinturas de Ticiano, todas em perfeitas condições. Entre as pinturas a óleo apreciadas estava "A Penitente Maria Madalena". A donzela bíblica é vista olhando para o céu com a mão pressionada contra o coração e o vestido caído de um lado do ombro, os olhos cheios de remorso e os lábios entreabertos em seu torpor.

Em 5 de fevereiro de 1852, o Novo Hermitage abriu suas portas para exibição pública pela primeira vez. A grande inauguração fez jus ao seu nome, atraindo centenas que impacientemente fizeram fila para visitar. Depois de uma cerimônia de corte de fita, as festividades seguiram para o Teatro Hermitage, onde os estimados convidados assistiram a um concerto e peça, seguido de um banquete para 600 pessoas no Skylight Halls. Naquele ano, a exposição egípcia foi estabelecida, fornecida em grande parte por artefatos fornecidos por Maximiliano, genro do czar.

Para reforçar as medidas de segurança, Nicholas

publicou as "Diretrizes para a Gestão do Patrimônio Imperial", publicadas um ano antes da inauguração do museu. Nesse manifesto, havia uma lista de funcionários cuidadosamente diagramada, as regras de admissão e até dicas para maximizar a exposição do museu. Em 1863, os funcionários foram renovados com novos rostos; o museu também nomeou seu primeiro diretor, SL Gedeonov. 3 anos depois, Gedeonov decidiu eliminar totalmente as taxas de entrada. Essa mudança arriscada logo provou ter valido a pena, pois as taxas de admissão dispararam. Em 1880, o Novo Hermitage estava recebendo pelo menos 50.000 visitantes únicos anualmente.

Reaproveitando

"É melhor abolir a servidão de cima do que esperar que ela se abolisse de baixo."- Czar Alexandre II, discurso de 1856

No início de março de 1855, apenas 3 anos após a inauguração do Novo Hermitage, o czar Nicolau I morreu de complicações de pneumonia. Mais tarde naquele dia, seu filho, Alexandre Romanov, foi eleito para sucedê-lo e, em agosto daquele ano, foi coroado em Moscou como o czar Alexandre II. Embora Alexandre tivesse recebido a coroa em meio à turbulência da Guerra da Crimeia, ele estava determinado a lutar pela paz e pela liberdade para o povo de seu império. Ele condenou a guerra que nunca começou logo de cara e lutou para extinguir as chamas do conflito antes que ele se espalhasse. Um ano depois, a guerra foi finalmente cortada pela raiz com o Tratado de Paris de 1856.

Alexandre II no Palácio de Inverno

A Rússia pode ter perdido a guerra, mas as asas do império só se espalhariam ainda mais sob o reinado de Alexandre. Ele conseguiu adicionar novos territórios no Cáucaso, bem como na Ásia Central e Oriental, ao seu império e abriu um novo caminho para a Rússia com suas múltiplas reformas. No ano em que a Guerra da Criméia chegou ao fim, Alexandre fundou um comitê especial que atenderia à "Consideração das Condições dos Camponeses". Um ano depois, os assentamentos militares foram encerrados.

Alexandre estabeleceu como meta introduzir um regulamento reformador a cada ano. Ele passou a introduzir métodos de transparência orçamentária, julgamento por júri e recrutamento universal, e pediu a abolição dos castigos corporais. Além disso, ele criou um sistema bancário e de crédito refinado e instituiu novas políticas que permitiram que empresas e comerciantes independentes prosperassem. Ele também ajudaria a ampliar as liberdades da universidade e da imprensa.

A mais poderosa das reformas de Alexandre viria com uma carta publicada em março de 1861, conhecida como "Ato de Emancipação". Como seu pai, Alexandre sempre foi um crítico franco do antiquado sistema de servidão, que prendia os escravos servos russos a seus proprietários.Tendo estabelecido isso, os servos russos, que constituíam mais de um terço da população, diferiam dos escravos americanos tradicionais; Os escravos americanos eram considerados bens "descartáveis" que pertenciam pessoalmente aos seus senhores, ao passo que os servos eram obrigados a se submeter aos senhorios enquanto vivessem em suas terras.

O Manifesto de Emancipação veio com 17 atos legislativos, ou como eram conhecidos como um todo, "Regulamentações sobre Camponeses que Deixam a Dependência do Servo". A carta não apenas clamava pela libertação dos servos tanto nas residências quanto nas propriedades privadas, eles eram honrados com todos os direitos dos cidadãos livres. Eles agora podiam comprar seus próprios terrenos e negócios e dar os nós como quisessem, sem o consentimento prévio de seus proprietários ou outras autoridades.

1861 foi um ano abençoado em mais de uma maneira.No final do ano, o diretor do Hermitage, Stepan Gedeonov, concluiu outro grande pedido com o governo papal no Vaticano. A Coleção Marquês Giampietro Campana, reunida pelo presidente romano do Banco Monte di Pieta, trazia uma escandalosa história de origem. Conforme a história continua, Campana, outro entusiasta da arte, permitiu que seu hobby de meio período o consumisse. No momento em que foi descoberto que o banqueiro havia desviado fundos para alimentar sua paixão, tudo desabou sobre ele. As propriedades de Campana foram rapidamente tomadas pelo governo. O banqueiro foi então condenado a 20 anos de trabalhos forçados, mas devido à manifestação de simpatia do público, ele foi exilado. Para saldar as dívidas de Campana, o papado leiloou sua valiosa coleção. No total, o Hermitage adquiriu 500 vasos, 200 esculturas de bronze e centenas de estátuas de mármore do catálogo Campana.Incluída estava uma estátua king-size do deus romano Júpiter, bem como as 9 Musas da Grécia, a Regina Vasorum, um vaso de argila Cumaen de séculos de idade equipado com folha de ouro, laca preta e figuras individualmente feitas dos deuses de Elêusis.

Mais coleções e peças de arte foram adicionadas às exposições que se multiplicaram ao longo dos anos. Quatro anos depois, Alexandre comprou a "Madonna Litta", supostamente um original de Leonardo da Vinci, que retratava a Mãe Santíssima amamentando o Menino Jesus. Em 1870, Gedeonov comprou outra pintura com um tema semelhante - "Madona e o Menino" de Rafael. Esta pintura a têmpera, que mostrava Maria equilibrando o bebê com uma das mãos e um livro aberto com a outra, custou 310.000 francos (USD 1,15 milhão).

Após o assassinato de Alexandre II em 1881, a coroa russa foi passada para seu filho, Alexandre III, mas a expansão do Hermitage avançou continuamente, continuando até o século 20 .Em 1884, Alexandre III garantiu a Coleção AP Basilewski por 6 milhões de francos (USD 22,2 milhões). Ao longo das 4 décadas que passou em Paris, o diplomata russo construiu um tesouro de maravilhas da Renascença e da Europa medieval, que incluía artefatos bizantinos, cristãos, góticos e românicos dos séculos 12 ao16. Um ano depois, a Coleção Imperial Tsarskoye Selo Arsenal, que apresentava ferramentas, armas e armaduras russas e asiáticas, foi transferida para o Hermitage.

Em novembro de 1894, o filho de Alexandre III, Nikolay Alexandrovich Romanov, substituiu seu pai no trono como o czar Nicolau II. Uma década depois, Nicolau ordenou o despejo de todos os residentes do Palácio de Inverno, enquanto a residência imperial foi formalmente transferida para o Palácio de Alexandre na cidade de Tsarskoye Selo, em São Pedrosburgo. Daí em diante, o Palácio de Inverno seria usado apenas para cerimônias oficiais.

Em 1912, Maria Benois, esposa de um arquiteto local, decidiu vender uma peça de Leonardo da Vinci que ganhou de seu pai. A pintura, simplesmente intitulada "Madona e o Menino", outra visão da Virgem Maria e seu filho, mostrava o par com auréola brincando alegremente, com o bebê gordinho sentado no colo da mãe. Um comprador de Londres ofereceu a Benois 500.000 francos (USD 1,85 milhão) pela pintura, mas quando soube que o Hermitage estava lutando para levantar fundos para superar seus concorrentes, ela decidiu se desfazer da herança a um preço com desconto como um "gesto de boa vontade. "Dois anos depois, o Hermitage comprou a peça por 150.000 rublos.

Em 10 de outubro de 1915, um ano após a eclosão da Primeira Guerra Mundial, o Palácio de Inverno foi convertido em um hospital, que seria usado pela Cruz Vermelha. Todas as salas de aparato, com exceção do St. George's Hall, foram temporariamente remodeladas para se adequar às exigências do centro de cura improvisado. Os quartos estavam lotados com camas, instalações cirúrgicas e equipamentos médicos suficientes para atender 1.000 pacientes, financiados pelo czar Nicolau II. A Cruz Vermelha era responsável por organizar a equipe médica no palácio, que consistia de um médico-chefe, 120 atendentes, 50 enfermeiras, 34 cirurgiões, 26 funcionários suplementares e 10 entregadores de papel para lidar com toda a papelada. Além disso, havia outra equipe de meio período composta por oculistas, médicos da garganta, especialistas em laringe e terapeutas. A ala dos soldados do palácio era considerada a mais avançada do hospital, pois utilizava as mais inovadoras - e às vezes não testadas - técnicas cirúrgicas e médicas da época.

A enfermaria do hospital

Em 27 de outubro de 1917, forças opostas invadiram o

palácio. Enquanto as tropas rivais destruíam o hospital, a equipe se esforçava para reunir os pacientes e conduzi-los para um local seguro. Quando os invasores finalmente saíram do palácio no final do dia, o restante dos pacientes foi transferido para hospitais próximos. Com os portões do palácio danificados e a segurança dos pacientes e funcionários vulneráveis comprometida, o hospital fechou suas portas 11 dias depois.

Naquele ano, a Rússia foi atingida por duas revoluções.A primeira, conhecida como Revolução de Fevereiro, viu manifestações de massa que duraram 8 dias. Os manifestantes condenaram o regime opressor do monarca autocrático, as deploráveis condições de trabalho dos trabalhadores da cidade e o tratamento abominável dos camponeses, diante de uma miríade de outras queixas. As forças rebeldes do Exército russo decidiram aliar-se aos manifestantes, o que levou à demissão forçada do soberano russo.Em 15 de março de 1917, o czar Nicolau II entregou sua coroa. Nicolau não apenas fechou as cortinas da dinastia Romanov, como entraria para a história como o último imperador da Rússia.

Após a Revolução de Outubro, também conhecida como "Revolução Bolchevique", o Palácio de Inverno e o Imperial Hermitage foram oficialmente declarados museus estatais e unificados como um só.

Preservação Perpétua

"O esqueleto ainda é imperial, mesmo que falte grande parte da pele."- John Gunther, Inside Russia Today, 1962

Quando a Primeira Guerra Mundial chegou ao fim, coleções particulares de arte em todo o país foram divididas e distribuídas entre os museus estaduais. Isso significava que as exibições do Hermitage apenas continuaram a crescer, recebendo novas remessas de espetáculos históricos dos palácios Alexandre, Catarina, Stroganov e Yusupov. Foi nesse ponto que o povo russo começou a sentir a gravidade de como as coleções insubstituíveis do Hermitage realmente eram importantes.

Em 1922, uma série de pinturas dos séculos 17 ao 19 da Galeria Kushelevskaya da Academia de Belas Artes foi transferida para o Hermitage.Incluído estava "Bean King" de Jacob Jordaens, que apresenta o festival dos 3 Reis Magos. O "Rei Feijão" é visto sentado no centro da cena, o rosto frouxo por causa da embriaguez e uma taça de vidro na mão. A julgar pela torta comida pela metade à sua frente, ele ganhou o jogo. Sua "corte", que inclui uma rainha, um camareiro, bobo, cozinheiro, músico e muito mais, é vista retratada ao seu redor, torcendo por ele.

Outro nesta coleção emocionante foi o "Anjo da Morte", pintado pelo artista francês Horace Vernet. Esta peça assustadora, mas delicada, mostra uma bela donzela com longos cachos dourados e uma camisola branca, abraçada pelo anjo da morte. A morte ostenta um manto preto com capuz e um par de asas combinando, mas ausente está a foice, que era típica para o personagem do tipo que era mais popular entre os artistas durante a época. Os olhos da donzela moribunda estão fechados, sua expressão a imagem da serenidade. O outro jovem retratado, provavelmente o amor de sua vida, exibe emoções contraditórias ao se ajoelhar aos pés da cama, com a cabeça baixa em uma prece urgente.

Aquele ano fatídico afetou mais uma página da história russa.Em 30 de dezembro de 1922, foi criada a União das Repúblicas Socialistas Soviéticas (URSS).Também conhecido como União Soviética, o formidável império comunista declarou autoridade absoluta sobre os territórios da Rússia, Ucrânia, Bielo-Rússia e Federação Transcaucasiana - Geórgia, Armênia e Azerbaijão. Tornou-se o primeiro de seu tipo a basear suas políticas exclusivamente nos princípios do socialismo marxista. A Rússia, junto com o resto da URSS, era agora um estado socialista de partido único, sob o governo do Partido Comunista Russo, fundado por Vladimir Lenin. Em 1922, Joseph Stalin foi empossado como secretário-geral do Comitê Central do Partido Comunista da União Soviética, um cargo que foi descrito como "sinônimo de 'Líder da União Soviética'". Nas décadas depois disso, a expansão da URSS continuou a evoluir, envolvendo seus tentáculos em torno de 15 repúblicas no total.Uzbequistão, Estônia, Moldávia, Cazaquistão, Quirguistão, Turcomenistão, Tadjiquistão, Letônia e Lituânia foram posteriormente adicionados aos territórios do império.

Nesse estágio, a Rússia havia se juntado ao resto da Europa e estava no auge da Era Industrial do século 20. Como o tempo diria, essa foi uma faca de dois gumes, enquanto a nação trabalhava para atender às demandas da rápida e generalizada industrialização. Esta foi uma faceta principal da primeira versão de Stalin do "Plano de 5 anos" da União Soviética. Era uma espécie de último recurso, como Stalin já havia ordenado para a apreensão de móveis, joias, coleção de arte e outros objetos de valor e propriedades da Igreja e da nobreza russa.

Em fevereiro de 1928, tanto o Museu Estatal Russo quanto o Imperial Hermitage foram incumbidos de compilar uma lista de pinturas, artefatos e outras obras de arte que eles estavam dispostos a entregar em prol de uma "Rússia melhor". Cada lista chegaria a 2 milhões de rublos e seus lucros seriam entregues ao estado. Para garantir transações tranquilas e máxima eficiência, o "Antiquariat" foi estabelecido para supervisionar todas as trocas e aconselhar os diretores dos conselhos do museu. Com o tempo correndo contra eles, Stalin se apressou em acelerar as vendas, exigindo que os museus movimentassem seus produtos, imediatamente. Ao todo, o Hermitage teve de desembolsar aproximadamente 250 pinturas por, no mínimo, 5.000 rublos cada.

A primeira oferta internacional veio de Calouste Gulbenkian, um rico empresário armênio radicado na Grã-Bretanha, famoso pela fundação da Iraq Petroleum Company.Gulbenkian recusou-se a pagar à vista as primeiras peças de Hermitage que adquiriu, optando, em vez disso, por pagar com petróleo. Isso logo irritou o diretor do museu, que passou a abandonar Gulbenkian.

A terrível venda, que ocorreu por volta de 1932, foi descrita como "o período mais difícil da história do Museu Hermitage". Os que estavam no museu sofreram fisicamente ao ver as obras-primas de valor inestimável, não importa o tamanho, serem vendidas a preços praticamente criminosos. Ainda mais desconcertante, funcionários do Comitê de Comércio Exterior teriam pegado pinturas, esculturas, artefatos - às vezes, até coleções inteiras - querendo ou não, e os presenteando a funcionários do governo e aliados estrangeiros. Aqueles que eram "amigos da União Soviética" também recebiam - como acreditavam os que estavam em Hermitage - um desconto indigno.

Muitos funcionários disseram ter feito tudo o que podiam para desacelerar as vendas. Alguns falavam mal da arte e outros desmentiam as peças que os clientes em potencial estavam procurando na esperança de frustrar uma venda. Havia até mesmo aqueles que arrancavam pinturas das vitrines e arrancavam artefatos de pedestais, guardando-os em segurança.

Ao longo de toda a extensão do Hermitage Sale, Joseph Orbeli, que logo se tornaria o novo diretor do Hermitage, redigiu uma série de cartas que criticavam a venda da arte do museu, comparando-a à decadência da cultura russa. Em 1934, Stalin finalmente concordou em cancelar a venda. Nessa época, 2.880 pinturas do Hermitage já haviam sido enviadas para o exterior. 250 das peças que partiram foram classificadas como obras principais dos antigos mestres e outras 50 como "obras-primas mundiais". Embora o museu tenha conseguido recuperar uma parte do que foi perdido nas décadas seguintes, 48 das obras-primas mundiais desapareceram para sempre. Entre as peças permanentemente ausentes estavam peças originais de Ticiano, Watteau e Rembrandt, bem como várias peças da coleção de ouro cita.

Em 25 de dezembro de 1991, a ondulante bandeira carmesim e dourada da União Soviética foi hasteada no Kremlin pela que seria a última vez.Poucos dias antes, uma cúpula havia sido realizada na cidade de Alma-Ata (agora Almaty) no Cazaquistão, com a presença de representantes de 11 repúblicas da URSS.Lá, eles anunciaram sua decisão coletiva de se retirar da União Soviética. Por fim, a União Soviética não existia mais. Naquele mesmo dia, o desiludido presidente soviético, Mikhail Gorbachev, apresentou sua renúncia. E esse foi o tão esperado fim da era assustadora e muitas vezes horrível.

O novo Parlamento da Federação Russa emitiu uma lei que proibia a venda de tesouros de arte nacionais no exterior.As autoridades do Hermitage trabalharam para consertar suas relações difíceis com outros museus e suavizar a natureza tensa e competitiva que a indústria gerou naturalmente. Mikhail Piotrovsky, o diretor do Hermitage, incentivou uma espécie de programa de empréstimos do qual museus locais e estrangeiros deveriam participar. Nos anos que se seguiram, a National Gallery of Art em Washington, DC, se tornaria uma das participantes mais entusiastas do programa. Eles trocaram várias de suas pinturas com o museu russo, incluindo algumas que foram compradas pelo banqueiro americano Andrew Mellon, durante a Venda do Hermitage.

Hoje, o Museu Hermitage em São Pedrosburgo permanece no topo da lista dos maiores museus de arte do mundo. O museu abrange 6 edifícios ao longo do Rio Neva - seu complexo principal, a maravilha azul e branca que é o Palácio de Inverno; o Palácio Menshikov, o Depósito de Armazenamento em Staraya Derevnya e o bloco oriental do Edifício do Estado Maior. Possui mais de 3 milhões de tesouros individuais e continua a aumentar, desde a Idade da Pedra até peças contemporâneas do século 20. Há 120 quartos dentro do museu são dedicados à arte da Europa Ocidental, exibindo as obras de Vincent van Gogh, Picasso, Tiepolo e outros prodígios do mundo da arte.

A família Hermitage também se expandiu desde então.Além de hospedar mais de 70 gatos residentes, o museu agora está ligado a 8 galerias irmãs, incluindo o Hermitage Amsterdam, Hermitage Barcelona, Ermitage Italia, o Museu Guggenheim Hermitage na capital lituana de Vilnius e muito mais. Como era de se esperar, o Hermitage continua sendo o ponto turístico mais frequentado de toda a Rússia. Em 2016, o museu bateu um novo recorde ao registrar um total de 3.688.031

visitantes, superando o ano anterior em mais de 300.000.

Desnecessário dizer que não é nenhuma surpresa que esses números continuem aumentando até hoje.

Fontes da Web

<u>Outros livros sobre a História da Rússia por Charles River Editors</u>

<u>Outros livros sobre o Hermitage na Amazon</u>

Bibliografia / Leituras Adicionais

Authors, The State Hermitage Museum. "Hermitage in Facts and Figures." *The State Hermitage Museum.* The State Hermitage Museum, 2007. Web. 1 de Maio de 2017. <https://www.hermitagemuseum.org/wps/portal/hermitage/about/facts_and_figures>.

Authors, Saint Pedrosburg . "The Winter Palace." *Saint Pedrosburg* . Saint Pedrosburg.Com, 2014. Web. 1 de Maio de 2017. <http://www.saint-Pedrosburg.com/palaces/winter-palace/>.

Editors, Castles and Palaces of the World. "Winter Palace (Zimni Dvorets)." *Every Castle - Castles and Palaces of the World.* Every Castle, Ltd., 2015. Web. 1 de Maio de 2017. <http://www.everycastle.com/Winter-Palace.html>.

Siegal, Nina. "A Hermitage Amsterdam Show Looks Closer at Catarina the Great." *The New York Times*. The New York Times Company, 8 Sept. 2016. Web. 1 de Maio de 2017. <https://www.nytimes.com/2016/09/08/arts/international/a-hermitage-amsterdam-show-looks-closer-at-Catarina-the-great.html?_r=0>.

Editors, Biography.Com. "Catarina II." *Biography.Com*. A&E Television Networks, LLC, 28 de Abril de 2017. Web. 1 de Maio de 2017. <http://www.biography.com/people/Catarina-ii-9241622>.

Editors, Russiapedia. "Prominent Russians: Catarina II the Great." *Russiapedia*. Autonomous Nonprofit Organization, 2005. Web. 1 de Maio de 2017. <http://russiapedia.rt.com/prominent-russians/the-romanov-dynasty/Catarina-ii-the-great/>.

Editors, Boundless. "Catarina's Domestic Policies." *Boundless*. Boundless, Ltd., 21 de Novembro de 2016. Web. 1 de Maio de 2017. <https://www.boundless.com/world-history/textbooks/boundless-world-history-textbook/enlightened-despots-1110/Catarina-the-great-and-russia-1115/Catarina-s-domestic-policies-1135-17717/>.

Authors, The State Hermitage Museum. "Sale of Works of Art and Transfer of Art Objects to Museums of Union Republics." *The State Hermitage Museum*. The State Hermitage Museum, 2017. Web. 1 de Maio de 2017. <https://www.hermitagemuseum.org/wps/portal/hermitage/explore/history/historical-article/1900/sale/?lng=>.

C, Davide. "The History of St Pedrosburg." *St Pedrosburg Essential Guide*. St Pedrosburg Essential Guide.Com, 2015. Web. 1 de Maio de 2017. <http://www.st-Pedrosburg-essentialguide.com/history-of-st-Pedrosburg.html#BEFORE-PEDRO-THE-GREAT>.

Cheney, Ian. "How Pedro the Great Modernized Russia." *Construction Literature Magazine*. Construction Literature Magazine, Inc., 2013. Web. 1 de Maio de 2017. <http://constructionlitmag.com/culture/how-Pedro-the-great-modernized-russia/>.

Editors, Epic World History. "Wanli - Ming Dynasty Emperor." *Epic World History*. Blogger, 2012. Web. 1 de Maio de 2017. <http://epicworldhistory.blogspot.tw/2012/04/wanli-ming-dynasty-emperor.html>.

Editors, Biography.Com. "Pedro the Great." *Biography.Com*. A&E Television Networks, LLC, 28 de Abril de 2017. Web. 1 de Maio de 2017.

<http://www.biography.com/people/Pedro-the-great-9542228>.

Bos, Joan. "Ivan V of Russia." *Mad Monarchs*. Mad Monarchs, Ltd., 12 de Setembro de 2011. Web. 1 de Maio de 2017. <http://madmonarchs.guusbeltman.nl/madmonarchs/ivan5/ivan5_bio.htm>.

Bos, Joan. "Ivan IV of Russia." *Mad Monarchs*. Mad Monarchs, Ltd., 12 de Setembro de 2011. Web. 1 de Maio de 2017. <http://madmonarchs.guusbeltman.nl/madmonarchs/ivan4/ivan4_bio.htm>.

Editors, Reference.Com. "What were the accomplishments of Ivan the Terrible?" *Reference.Com*. IAC Publishing, LLC, 2014. Web. 1 de Maio de 2017. <https://www.reference.com/history/were-accomplishments-ivan-terrible-51f4ba5d6fb2de76>.

Editors, Sacred Destination. "St. Basil's Cathedral." *Sacred Destination*. Sacred Destination, Ltd., 2010. Web. 1 de Maio de 2017. <http://www.sacred-destinations.com/russia/moscow-st-basil-cathedral>.

Editors, To Discover Russia. "TRADITIONAL RUSSIAN CLOTHING." *To Discover Russia*. To Discover Russia, Ltd., 2013. Web. 1 de Maio de 2017.

<http://todiscoverrussia.com/traditional-russian-clothing/>.

Trueman, C. N. "Pedro the Great – Domestic Reforms." *The History Learning Site*. The History Learning Site, Ltd., 28 de Março de 2015. Web. 2 de Maio de 2017. <http://www.historylearningsite.co.uk/Pedro-the-great/Pedro-the-great-domestic-reforms/>.

Mancini, Mark. "The Time Pedro the Great Declared War on Facial Hair." *Mental Floss*. Mental Floss, Inc., 29 de Março de 2014. Web. 2 de Maio de 2017. <http://mentalfloss.com/article/55772/time-Pedro-great-declared-war-facial-hair>.

Christina. "Pedro the Great Trendsetter: National Change through Fashion." *Daydream Tourist*. WordPress, 8 de Setembro de. 2015. Web. 2 de Maio de 2017. <https://daydreamtourist.com/2015/09/08/Pedro-the-great-fashion/>.

Editors, Reddit. "Does anybody know the value of a Ruble in 1860?" *Reddit*. Reddit, Inc., 2015. Web. 2 de Maio de 2017. <https://www.reddit.com/r/AskHistorians/comments/2o7vcl/does_anybody_know_the_value_of_a_ruble_in_1860/>.

Editors, Hermitage Amsterdam. "St Pedrosburg & Russia." *Hermitage Amsterdam*. Hermitage Amsterdam, 2015. Web. 2 de Maio de 2017. <http://www.hermitage.nl/en/st-Pedrosburg_en_rusland/nederland_rusland_en_st-Pedrosburg/de_huisjes_van_tsaar_Pedro.htm>.

Editors, RusArt.Net. "Winter Canal." *RusArt.Net*. RusArt.Net, 2016. Web. 2 de Maio de 2017. <http://www.rusartnet.com/russia/st-Pedrosburg/architecture/canal/winter-canal>.

Authors, Saint Pedrosburg . "Menshikov Palace." *Saint Pedrosburg* . Saint Pedrosburg.Com, 2016. Web. 2 de Maio de 2017. <http://www.saint-Pedrosburg.com/museums/hermitage-museum/menshikov-palace/>.

Wright, Jennifer. "Anna Ivanovna's Ice Palace." *Slate*. The Slate Group, LLC, 6 de Dezembro de 2015. Web. 2 de Maio de 2017. <http://www.slate.com/articles/arts/culturebox/2015/11/empress_anna_ivanovna_of_russia_hated_love_and_marriage_so_much_that_she.html>.

Editors, Fodors' Travel. "STATE HERMITAGE MUSEUM (GOSUDARSTVENNY ERMITAZH MUZEY)." *Fodors' Travel*. Internet Brands, Inc., 2017. Web. 2 de Maio de 2017.

<http://www.fodors.com/world/europe/russia/st-Pedrosburg/things-to-do/sights/reviews/state-hermitage-museum-154816>.

Editors, History is Now. "Catarina the Great and her many lovers. Just don't mention the horses…." *History is Now*. History is Now Magazine, 5 de Fevereiro de 2015. Web. 3 de Maio de 2017. <http://www.historyisnowmagazine.com/blog/2015/1/31/Catarina-the-great-and-her-many-lovers-just-dont-mention-the-horses#.WQxXE-WGNPY=>.

Perrottet, Tony. "HORSING AROUND WITH CATARINA THE GREAT." *TONY'S SECRET CABINET*. Tony Perrottet, 25 de Fevereiro de 2008. Web. 3 de Maio de 2017. <http://thesmartset.com/article02250801/>.

Maranzani, Barbara. "8 Things You Didn't Know About Catarina the Great." *History in the Headlines*. A&E Television Networks, LLC, 9 de Julho de 2012. Web. 3 de Maio de 2017. <http://www.history.com/news/8-things-you-didnt-know-about-Catarina-the-great>.

Editors, Catarina the Great. "Catarina the Great - Lovers." *Catarina the Great*. Weebly, Inc., 2007. Web. 3 de Maio de 2017.

<http://katherineandCatarinathegreat.weebly.com/marria
ge--love.html>.

Wolff, Larry. "'If I Were Younger I Would Make
Myself Russian': Voltaire's Encounter With the
Czars." *The New York Times*. The New York Times
Company, 13 de Novembro de 1994. Web. 3 de Maio de
2017. <http://www.nytimes.com/1994/11/13/books/if-
were-younger-would-make-myself-russian-voltaire-s-
encounter-with-czars.html?pagewanted=all>.

Osborn, Andrew. "Voltaire and Catarina the Great: a
pair of unlikely pen-pals." *The Independent Online*.
Associated Newspapers, Ltd., 1 de Junho de 2006. Web.
3 de Maio de 2017.
<http://www.independent.co.uk/news/world/europe/volta
ire-and-Catarina-the-great-a-pair-of-unlikely-pen-pals-
480746.html>.

Authors, The State Hermitage Museum. "The
Construction of the Small Hermitage." *The State
Hermitage Museum*. The State Hermitage Museum,
2017. Web. 3 de Maio de 2017.
<http://www.hermitagemuseum.org/wps/portal/hermitag
e/explore/history/historical-article/1750/Construction of
the Small Hermitage/?lng=pl>.

Authors, The State Hermitage Museum. "The
Acquisition of J.E. Gotzkowsky's Collection by Catarina

II." *The State Hermitage Museum*. The State Hermitage Museum, 2017. Web. 4 de Maio de 2017. <https://www.hermitagemuseum.org/wps/portal/hermitage/explore/history/historical-article/1750/Empress Catarina II purchases Johann Ernest Gotzkowskis collection/?lng=>.

Editors, Totally History. "Danaë." *Totally History*. Totally History, Ltd., 25 de Novembro de 2015. Web. 4 de Maio de 2017. <http://totallyhistory.com/danae/>.

Authors, Saint Pedrosburg . "Explore the Hermitage: An introduction to St. Pedrosburg's greatest museum." *Saint Pedrosburg* . Saint Pedrosburg.Com, 2017. Web. 4 de Maio de 2017. <http://www.traceyourdutchroots.com/art/idlers.html>.

Authors, The State Hermitage Museum. "The Great (Old) Hermitage." *The State Hermitage Museum*. The State Hermitage Museum, 2017. Web. 4 de Maio de 2017. <https://www.hermitagemuseum.org/wps/portal/hermitage/explore/buildings/locations/building/B30/?lng=en>.

Morris, Roderick Conway. "The Hermitage and Catarina the Great Collector." *The New York Times*. The New York Times Company, 11 de Julho de 1998. Web. 4 de Maio de 2017.

<http://www.nytimes.com/1998/07/11/style/the-hermitage-and-Catarina-the-great-collector.html>.

Editors, Your Dictionary. "Alexander I Facts." *Your Dictionary Biographies*. LoveToKnow Corporation, 2003. Web. 4 de Maio de 2017. <http://biography.yourdictionary.com/alexander-i>.

Greenspan, Jesse. "Napoleon's Disastrous Invasion of Russia." *History in the Headlines*. A&E Television Networks, LLC, 22 de Junho de 2012. Web. 4 de Maio de 2017. <http://www.history.com/news/napoleons-disastrous-invasion-of-russia-200-years-ago>.

Editors, Hermitage Amsterdam. "Alexander, Napoleon & Joséphine, a Story of Friendship, War and Art from the Hermitage." *Hermitage Amsterdam*. Hermitage Amsterdam, 2015. Web. 4 de Maio de 2017. <https://www.hermitage.nl/en/tentoonstellingen/alexander_napoleon_josephine/backgroundstory.htm>.

Editors, The State Hermitage Museum. "The General Staff Building." *The State Hermitage Museum*. The State Hermitage Museum, 2017. Web. 4 de Maio de 2017. <https://www.hermitagemuseum.org/wps/portal/hermitage/explore/buildings/locations/building/B60/?lng=>.

Editors, UNESCO. "HISTORY OF THE GENERAL STAFF BUILDING." *UNESCO*. UNESCO

Organization, 2014. Web. 4 de Maio de 2017.
<http://www.unesco.org/culture/hermitage/html_eng/his
ofgeneralstaff.htm>.

Authors, Saint Pedrosburg . "General Staff
Building." *Saint Pedrosburg* . Saint Pedrosburg.Com,
2016. Web. 4 de Maio de 2017. <http://www.saint-
Pedrosburg.com/museums/hermitage-museum/general-
staff-building/>.

Editors, Russiapedia. "Prominent Russians: Nicholas
I." *Russiapedia*. Autonomous Nonprofit Organization,
2005. Web. 4 de Maio de 2017.
<http://russiapedia.rt.com/prominent-russians/the-
romanov-dynasty/nicholas-i/>.

Authors, The State Hermitage Museum. "The New
Hermitage." *The State Hermitage Museum*. The State
Hermitage Museum, 2017. Web. 4 de Maio de 2017.
<https://www.hermitagemuseum.org/wps/portal/hermita
ge/explore/buildings/locations/building/B40/?lng=en>.

Authors, The State Hermitage Museum. "The
Acquisition of the Barbarigo Gallery Collection." *The
State Hermitage Museum*. The State Hermitage Museum,
2017. Web. 4 de Maio de 2017.
<https://www.hermitagemuseum.org/wps/portal/hermita
ge/explore/history/historical-article/1850/Purchase of the
Cristoforo Barbarigo collection/?lng=>.

Robson, John. "Hermitage Opened – It Happened Today, February 5." *John Robson Online*. John Robson, 5 de Fevereiro de 2017. Web. 5 de Maio de 2017. <http://www.thejohnrobson.com/hermitage-opened-it-happened-today-february-5/>.

Editors, Presidential Library. "New Hermitage, the first public art museum in Russia, was opened." *Presidential Library*. Yeltsin Presidential Library, 1990. Web. 5 de Maio de 2017. <http://www.prlib.ru/en-us/History/Pages/Item.aspx?itemid=419>.

Editors, The Street and the City. "February 5, 1852: Opening of the New Hermitage Museum in Saint Pedrosburg." *The Street and the City*. WordPress, 5 Feb. 2016. Web. 5 de Maio de 2017. <https://thestreetandthecityul.wordpress.com/2016/02/05/february-5-1852-opening-of-the-new-hermitage-museum-in-saint-Pedrosburg/>.

Lynch, Michael. "The Emancipation of the Russian Serfs, 1861: A Charter of Freedom or an Act of Betrayal?" *History Today*. History Today, Ltd., Dec. 2003. Web. 5 de Maio de 2017. <http://www.historytoday.com/michael-lynch/emancipation-russian-serfs-1861-charter-freedom-or-act-betrayal>.

Editors, The Virtual Russian Museum. "Portrait of Alexander II." *The Virtual Russian Museum*. The Virtual Russian Museum - St. Pedrosburg, 2014. Web. 5 de Maio de 2017. <http://rusmuseumvrm.ru/data/collections/painting/19_20/botman_ei_portret_aleksandra_ii_1856_zhb_1942/index.php?lang=en>.

Authors, The State Hermitage Museum. "The Acquisition of the Marquis Gian Pietro Campana Collection." *The State Hermitage Museum*. The State Hermitage Museum, 2017. Web. 5 de Maio de 2017. <https://www.hermitagemuseum.org/wps/portal/hermitage/explore/history/historical-article/1850/Campana collection/?lng=>.

Authors, The State Hermitage Museum. "The Purchase of Raphael's "Conestabile Madonna"." *The State Hermitage Museum*. The State Hermitage Museum, 2017. Web. 5 de Maio de 2017. <https://www.hermitagemuseum.org/wps/portal/hermitage/explore/history/historical-article/1850/Madonna by Raphael/?lng=en>.

Authors, The State Hermitage Museum. "The Acquisition of the A.P.Basilewski Collection." *The State Hermitage Museum*. The State Hermitage Museum, 2017. Web. 5 de Maio de 2017.

<https://www.hermitagemuseum.org/wps/portal/hermita
ge/explore/history/historical-article/1850/Basilevsky
collection/?lng=en>.

   Authors, The State Hermitage Museum. "The
Acquisition of Leonardo da Vinci's "Madonna and
Child" (the "Benois Madonna")." *The State Hermitage
Museum*. The State Hermitage Museum, 2017. Web. 5
de Maio de 2017.
<https://www.hermitagemuseum.org/wps/portal/hermita
ge/explore/history/historical-article/1900/Purchase of
Leonardo da Vincis Madonna with a Flower %28Benois
Madonna%29/?lng=>.

   Gruver, Rebecca. "What was a Franc worth in today's
terms during the time Les Miserables took
place?" *Quora*. Quora, Inc., 30 de Janeiro de 2013. Web.
5 de Maio de 2017. <https://www.quora.com/What-was-
a-Franc-worth-in-todays-terms-during-the-time-Les-
Miserables-took-place>.

   Authors, The State Hermitage Museum. "A Hospital in
the Winter Palace. 1915-1917." *The State Hermitage
Museum*. The State Hermitage Museum, 2017. Web. 5
de Maio de 2017.
<http://www.hermitagemuseum.org/wps/portal/hermitag
e/what-s-
on/temp_exh/1999_2013/hm4_1_127/?lng=en>.

Editors, History Channel. "February Revolution begins in Russia." *History Channel*. A&E Television Networks, LLC, 8 de Março de 2015. Web. 5 de Maio de 2017. <http://www.history.com/this-day-in-history/february-revolution-begins-in-russia>.

Authors, The State Hermitage Museum. "Art Works - Bean King." *The State Hermitage Museum*. The State Hermitage Museum, 2017. Web. 5 de Maio de 2017. <https://www.hermitagemuseum.org/wps/portal/hermitage/digital-collection/01. Paintings/48341/?lng=>.

Authors, The State Hermitage Museum. "Art Works - Angel of the Death." *The State Hermitage Museum*. The State Hermitage Museum, 2017. Web. 5 de Maio de 2017. <http://www.hermitagemuseum.org/wps/portal/hermitage/digital-collection/01. Paintings/37074/?lng=ja>.

Authors, Heresy & Beauty. "The Angel of the Death." *Heresy & Beauty*. WordPress, 1 de Abril de 2010. Web. 5 de Maio de 2017. <https://heresyandbeauty.wordpress.com/2010/04/01/the-angel-of-the-death/>.

Editors, History Channel. "USSR established." *History Channel*. A&E Television Networks, LLC, 30 de Dezembro de 2014. Web. 5 de Maio de 2017.

<http://www.history.com/this-day-in-history/ussr-established>.

Hingley, Ronald Francis. "Joseph Stalin." *Encyclopedia Britannica*. Encyclopedia Britannica, Inc., 2012. Web. 5 de Maio de 2017. <https://www.britannica.com/biography/Joseph-Stalin>.

Editors, Calouste Gulbenkian Museum. "The Collector - Calouste Sarkis Gulbenkian." *Calouste Gulbenkian Museum*. Calouste Gulbenkian Museum, 2014. Web. 5 de Maio de 2017. <https://gulbenkian.pt/museu/en/the-founders-collection/the-collector/>.

Editors, National Geographic. "Top 10 Museums and Galleries." *National Geographic News*. National Geographic Society, 20 de Setembro de 2012. Web. 5 de Maio de 2017. <http://www.nationalgeographic.com/travel/top-10/museum-galleries/>.

Krasnov, Oleg. "Moscow's and St. Pedrosburg's top 5 most visited museums revealed." *Russia Beyond the Headlines*. Autonomous Nonprofit Organization, 18 de Junho de 2016. Web. 5 de Maio de 2017. <https://rbth.com/arts/2016/06/18/moscows-and-st-Pedrosburgs-top-5-most-visited-museums-revealed_604065>.

Rounding, Virginia. *Catarina the Great: Love, Sex, and Power*. 1st ed. N.p.: St. Martin's Griffin, 2008. Impresso.

Neal, Larry. *A Concise History of International Finance: From Babylon to Bernanke (New Approaches to Economic and Social History)*. N.p.: Cambridge U Press, 2015. Impresso. New Approaches to Economic and Social History.

Giebelhausen, Michaela. *The Architecture of the Museum: Symbolic Structures, Urban Contexts (Critical Perspectives in Art History)*. N.p.: Manchester U Press, 2003. Impresso. Critical Perspectives in Art History.

Massie, Robert K. *Pedro the Great: His Life and World*. N.p.: Random House Trade, 1981. Impresso.

Denton, C. S. *Absolute Power: The Real Lives of Europe's Most Infamous Rulers*. N.p.: Eagle Editions, 2006. Impresso.

Lang, Se?n. *European History For Dummies*. 2nd ed. N.p.: For Dummies, 2011. Impresso.

Livros Gratuitos da Charles River Editors

Temos diversos títulos totalmente gratuitos todos os dias. Para ver os títulos gratuitos disponíveis no momento, clique neste link.

Livros com Descontos Especiais da Charles River Editors

Temos títulos com descontos especiais no valor de apenas 99 centavos todos os dias! Veja os títulos disponíveis com este desconto clicando neste link.